M&A会計の実務

公認会計士
竹村 純也

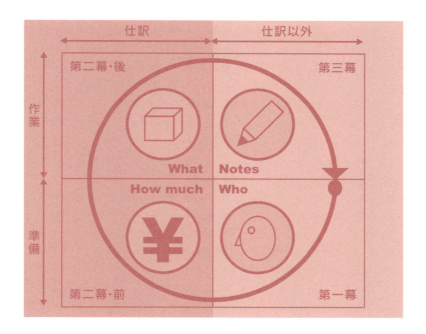

税務経理協会

はじめに

　本書を手にとっていただき，ありがとうございます。もしかすると，自社でM&Aが行われるために，短時間で必要な会計処理と注記を行う必要に迫られているのかもしれません。あるいは，近くに行われようとしているM&Aに備えて，あらかじめ会計処理や注記を理解したいと考えているのかもしれません。そこで本書では，たとえM&A会計に不慣れであっても自信をもって財務報告が行えるように，M&A会計の実務について基礎的な論点を解説していきます。

◎　守備範囲の広い企業結合会計

　M&A会計の多くは，企業結合会計に基づきます。この企業結合会計に関する会計基準や適用指針は，他の会計基準などと比較して，項数つまりボリュームが多いのが特徴です。また，定義が設けられている「取得」のように，他の会計にはない専門用語が用いられているため，会計基準や適用指針を読み進むには慎重さが求められます。さらに，M&A会計は必ずしも企業結合会計だけで完結するものではなく，連結会計をはじめとした他の会計基準なども含めて理解する必要もあります。

　このような特徴があるため，普段から企業結合会計をはじめとしたM&A会計に接していないと，その理解が難しいといえます。M&Aが頻繁に行われていない場合には，自身の理解に不安を覚えることも少なくないでしょう。

◎　頻出する手法を想定して順を追って解説

　M&Aの性質上，時間的な制約がある中で，できるだけ短時間でエッセンスを理解したいと考えることは自然なことです。そこで本書では，M&A会計の解説にあたって，イタリアの経済学者であるヴィルフレード・パレートが発見した「80対20の法則」の観点を取り入れました。これは，全体の中で一部の要素がその大半を占めることをいいます。

M&Aに当てはめると、さまざまな手法を選択できるものの、実務で用いられている手法は限られていることになります。著者調べでは、第1章に示す【図表1－1】のとおり、現金による株式購入が81.6％を占めています。M&Aを行いやすくするために株式交換をはじめとした手法が導入されたものの、日本の上場企業の現状に照らすと頻出に活用されてはいないのです。

　また、現金による株式購入を前提とすると、M&A会計のメインとなる企業結合会計基準の適用にあたって検討すべき項目が少なくなります。枝葉の論点に振り回されることなく会計基準の幹となる部分が適用されるため、企業結合会計を一番シンプルに理解できます。

　加えて、M&Aの手法を想定するだけではなく、その解説の順番もシンプルなものから行う構成としています。多くの論点を一度に取り扱うと、そのうちのひとつに躓くと先に進めないからです。階段を登っていくかのように、ひとつひとつ順を追って解説しています。

　これらの工夫によって、M&A会計を容易に、かつ、短時間で理解することができるのです。

◎　論点解説の3つの特徴

　M&A会計の実務についての基礎的な論点を解説するにあたって、次のとおり、3つの特徴が挙げられます。

　1点目は、実務における活用頻度への言及です。M&A会計のベースとなる企業結合会計には、通常適用される規定もあれば、極めて稀な状況で適用される規定もあります。これらを平面的に理解していくと、自社に関係のない論点にまで時間を割かれる結果になります。そこで本書では、稀にしか適用されない論点や現状では適用が少ない論点については、その旨を解説しています。こうした強弱をつけているため、企業結合会計の理解にあたって、自社で行うM&Aに必要な論点にのみリソースを配分することができます。

　2点目は、改正論点への対応です。企業結合会計に関する会計基準は、平成15年に新設されて以降、IFRSとのコンバージェンスを図るために、平成20年

はじめに

および平成25年に大きな改正を行っています。M&Aが頻繁に行われていない企業では、こうした改訂に適切・適時にキャッチアップできていない状況や、以前に理解した内容からの変更に気づかずに同じ会計処理や注記を行ってしまう状況も考えられます。そこで本書では、改正があった論点については、いつに改正があったかを明記しています。これによって、最新の情報に容易に更新することができます。

3点目は、注記についての解説です。これは、財務報告の最終的なゴールが開示であるためです。また、企業結合会計は、他の会計と比較して注記事項が多いことも理由のひとつです。そこで本書では、注記事項のそれぞれについて開示事例を示しながら解説しています。これによって、開示事例を検索する手間や、検索された事例が自社のM&Aに照らして参考とすべきか否かを判断する手間を省けます。

こうした特徴は、会計士業界に入って24年の間における会計監査や財務デュー・ディリジェンスの経験によって支えられています。また、それらについての全体像を「パーチェス・ジャーニー」として図表化していることから、個々の論点がどの位置にあるかがひと目で把握できるとともに、記憶の定着が期待できます。その結果、企業結合会計を全般的に紹介するのではなく、M&A会計に実務的にフォーカスした解説書となっています。

◎ 本書の構成

本書は、7つの章で構成されています。

第1章の「M&A会計は『パーチェス・ジャーニー』で理解する」では、企業結合会計基準をシンプルに理解するアプローチを解説するとともに、M&A会計の全体像を「パーチェス・ジャーニー」として図表化しています。これによって、M&A会計のステップをイメージできるようになります。

第2章の「『誰が』取得したか」では、パーチェス・ジャーニーの第一幕である、会計処理を行う主体の検討を解説していきます。パーチェス法を適用する企業を決定するための支配概念に基づく検討と、それでも不明確な場合の4

つの判断要素がわかります。

　第3章の「『いくらで』取得したか」では，パーチェス・ジャーニーの第二幕の前半である，パーチェス法に基づく会計処理の準備，つまり「取得原価の算定」について説明していきます。ここで基本原則と取得関連費用の会計処理とを中心として理解できます。

　第4章と第5章では，パーチェス・ジャーニーの第二幕の後半である，パーチェス法に基づく会計処理の作業，つまり，M&Aで「何を」取得したかという「取得原価の配分」について解説していきます。これをシンプルに理解するために，第4章では，株式のすべてを現金購入するM&Aを想定することによって，取得原価の配分に関する論点に焦点を絞ります。続く第5章では，株式の一部を現金購入するM&Aを想定することによって，取得原価の配分に関連する論点を説明していきます。

　第6章と第7章では，パーチェス・ジャーニーの第三幕である，パーチェス法に関する注記，つまり，M&Aがどのような内容なのかを記載する「開示」について解説していきます。ここでもシンプルに理解するために，第7章で暫定的な会計処理と追加取得について取り扱います。その前の第6章では，それらを除くシンプルなケースについて説明していきます。

◎　増加していくM&Aへの対応

　M&Aの規模によっては，起票する仕訳の金額が大きくなります。特にのれんは数億円，数十億円，あるいはそれ以上となることも珍しくはありません。M&Aが頻繁に行われていない場合に，億単位の金額を一本の仕訳で計上するには相当な慎重さを求められます。以前に私が関わったM&Aの現場で，経理担当者が「こんな巨額の仕訳はしびれる」と表現していたことを思い出します。ひとつ間違えば財務諸表に大きな影響を及ぼすほどに，その起票には大きな責任がのしかかります。

　そのように「しびれる」M&Aは，今後，ますます増加していくでしょう。2020年を境にして消費人口が減少していくことや，東京オリンピック後で投資

がはじめに

が後退する見込みなどから，国内の需要動向が厳しくなっていくと予想されています。そうした中で，自社単独の成長に限界があるときには，M&Aによって成長を維持していくことになるのは必然です。M&A会計が必要とされる機会が増えると見込まれるため，今から，そのエッセンスを短時間で身につけられる本を提供することが，経済社会にバリューを与えるものと確信しています。

そこまで先の話ではなく，今まさにM&Aが行われているために，その会計処理に迫られているなら，その論点について説明しているページをめくって，内容を確認してください。実務的な観点から必要とされる会計処理と注記とを解説していますので，必要以上に時間をかけることはなくなるはずです。本書を活用しながら，適切な財務報告を達成してください。

平成29年12月

公認会計士　竹村純也

本書のうち意見にわたる部分は筆者の私見であり，また，筆者が所属するいかなる団体の公式見解を示すものではありません。

目　次

はじめに

第1章　M&A会計は「パーチェス・ジャーニー」で理解する……1

 1　M&Aは経理部門に突然知らされる…………………………………3
  (1)　経理部門に時間的な余裕はない………………………………3
  (2)　M&Aに関する会計基準…………………………………………4
  (3)　シンプルかつ強弱をつけた理解のアプローチ………………6
 2　企業結合会計基準をシンプルに理解するアプローチ……………6
  (1)　企業結合に該当するか…………………………………………6
  (2)　企業結合がどの種類に該当するか……………………………8
  (3)　企業結合会計基準でいう「取得」で頻出するM&A…………9
 3　パーチェス法の全体像………………………………………………10
  (1)　「取得」の会計処理はパーチェス法…………………………10
  (2)　持分プーリング法の廃止で生まれた「のれんの非償却」……11
  (3)　三幕構成のパーチェス・ジャーニー…………………………15

第2章　「誰が」取得したか………17

 1　取得企業の決定………………………………………………………19
  (1)　対等な企業結合という考え方はない…………………………19
  (2)　第一幕の概要……………………………………………………19
 2　まずは支配概念に基づき検討する…………………………………20
  (1)　参照先は連結会計基準…………………………………………20
  (2)　M&Aの場合の支配概念に基づく検討…………………………21

(3)　相手先企業の株式のすべてを現金で購入するM&A …………… 26
　3　支配概念では取得企業が不明確な場合の取扱い ……………… 27
　(1)　4つの判断要素 …………………………………………………… 27
　(2)　逆取得の場合の取扱い …………………………………………… 29
　(3)　取得企業の決定に関する根拠の注記 …………………………… 30

第3章　「いくらで」取得したか …………………………………… 31

　1　取得原価の算定 ……………………………………………………… 33
　(1)　パーチェス・ジャーニー第二幕・前半の概要 ………………… 33
　(2)　強弱をつけた手順の絞込み ……………………………………… 34
　2　基本原則 ……………………………………………………………… 34
　(1)　支払対価となる財を対象とすること …………………………… 34
　(2)　企業結合日を基準とすること …………………………………… 35
　(3)　時価によること …………………………………………………… 36
　3　支配獲得時の取得関連費用の取扱い ……………………………… 37
　(1)　パーチェス法の下では取得原価に含めない …………………… 37
　(2)　取得関連費用の具体例 …………………………………………… 38
　(3)　取得原価に含めない理由 ………………………………………… 39
　(4)　発生した年度の費用計上 ………………………………………… 40
　(5)　損益計算書における計上区分 …………………………………… 41
　(6)　非連結子会社の取扱い …………………………………………… 42
　(7)　連結子会社が行うM&Aで注意すべき事項 …………………… 43
　4　条件付取得対価 ……………………………………………………… 44
　(1)　アーンアウト条項が用いられる背景 …………………………… 44
　(2)　会計上の取扱い …………………………………………………… 45
　(3)　日本では少ない適用事例 ………………………………………… 49
　(4)　IFRSとの差異 …………………………………………………… 50

目　次

第4章　「何を」取得したか（株式のすべてを現金購入するM&A編）………… 51

1　取得原価の配分 ……………………………………………… 53
　(1)　パーチェス・ジャーニー第二幕・後半の概要 ………… 53
　(2)　強弱をつけた手順の絞込み ……………………………… 54
2　識別可能資産および負債の時価評価 ……………………… 56
　(1)　識別可能資産および負債の範囲 ………………………… 56
　(2)　取得原価の配分にあたっての時価 ……………………… 56
　(3)　具体的な時価評価 ………………………………………… 57
　(4)　退職給付に係る負債に関する固有の取扱い …………… 58
　(5)　ヘッジ会計に関する固有の取扱い ……………………… 60
　(6)　簡便な取扱い ……………………………………………… 60
3　企業結合に係る特定勘定 …………………………………… 62
　(1)　負債計上が求められる理由 ……………………………… 62
　(2)　適用状況 …………………………………………………… 62
　(3)　会計処理 …………………………………………………… 63
4　無　形　資　産 ……………………………………………… 67
　(1)　無形資産を識別する必要性 ……………………………… 67
　(2)　無形資産の識別 …………………………………………… 68
　(3)　開示事例の分析 …………………………………………… 69
5　配分が完了しない場合の暫定的な会計処理 ……………… 71
　(1)　取得原価の配分が完了しない理由 ……………………… 71
　(2)　対象となる項目 …………………………………………… 72
　(3)　暫定的な会計処理の確定処理 …………………………… 74
　(4)　必要となる注記 …………………………………………… 76
　(5)　繰延税金資産・繰延税金負債への取得原価の配分額の確定 …… 77
6　のれんの計上 ………………………………………………… 80

(1)　会計処理 ··· 80
　　(2)　償却方法 ··· 81
　　(3)　償却期間 ··· 82
　　(4)　税効果会計の取扱い ································· 86
　7　負ののれんの計上 ··· 87
　　(1)　会計処理 ··· 87
　　(2)　改正の背景 ·· 88

第5章　「何を」取得したか
（株式の一部を現金購入するM&A編）··············· 91

　1　取得原価の配分に派生した論点 ······················· 93
　　(1)　パーチェス・ジャーニー第二幕・後半の概要 ······· 93
　　(2)　4つの会計上の論点 ··································· 94
　2　非支配株主持分の測定 ···································· 97
　　(1)　「購入のれん方式」によって測定する ············ 97
　　(2)　連結基礎概念から導かれる2つの会計処理 ······ 99
　　(3)　日本では採用されていない「全部のれん方式」 ·· 99
　3　段階取得の会計処理 ······································ 104
　　(1)　連単で異なる取得原価 ······························ 104
　　(2)　取得原価が連単で異なる理由 ····················· 106
　　(3)　全面時価評価法の採用 ······························ 108
　4　持分法による投資評価額に含まれていたのれんの未償却残高 ··· 110
　　(1)　段階取得の取扱い ···································· 110
　　(2)　のれんの取扱い ······································· 111
　5　非支配株主からの追加取得 ···························· 114
　　(1)　取扱いは連結会計基準をみる ····················· 114
　　(2)　のれんは計上されない ······························ 115
　　(3)　平成25年改正の背景 ································ 118

(4)　資本剰余金がマイナス残高になった場合の取扱い …………119
　　　(5)　一体取引であればのれんを計上する …………………………120
　　　(6)　追加取得時の取得関連費用の計上区分………………………122

第6章　M&Aで必要となる注記（シンプルなケース）…………123

　1　注記のモレとムダをなくす……………………………………………125
　　　(1)　パーチェス・ジャーニー第三幕の概要………………………125
　　　(2)　最終的な開示を踏まえてモレをなくす………………………125
　　　(3)　時間軸から導かれる3つのムダ ………………………………126
　2　注記のフルバージョンを理解してモレを防止する………………127
　　　(1)　企業結合会計基準が求める注記………………………………127
　　　(2)　金融商品取引法における注記の取扱い………………………129
　　　(3)　会社法における注記の取扱い…………………………………131
　3　年度決算の「取得」に関する注記の作り方………………………133
　　　(1)　注記の特徴………………………………………………………133
　　　(2)　年度決算における「取得」の注記の記載例…………………133
　　　(3)　注記事項のポイントと事例……………………………………136
　　　(4)　時系列による注記チェックリスト……………………………147
　4　後発事象の注記におけるムダ………………………………………150
　　　(1)　企業結合会計基準による後発事象の発生時点………………150
　　　(2)　後発事象の評価終了日…………………………………………151
　　　(3)　M&Aに関する後発事象と評価期間……………………………151
　　　(4)　M&Aに関する後発事象にはならない時点……………………153
　　　(5)　重要な後発事象の注記のうち不要な事項……………………156
　　　(6)　後発事象の注記の記載例………………………………………158
　5　四半期連結財務諸表の注記におけるムダ…………………………162
　　　(1)　四半期開示制度が求める注記…………………………………162
　　　(2)　四半期会計基準等で簡略される注記…………………………163

(3)　四半期決算における「取得」の注記の記載例 ･･････････････ 164
　　6　各種規則の不慣れに関するムダ ･･････････････････････････ 166
　　　(1)　個別財務諸表への注記の省略 ･････････････････････････ 166
　　　(2)　比較情報における前期の注記の取扱い ･･･････････････････ 169
　　　(3)　「取得」が行われていない四半期会計期間の取扱い ･･････････ 171

第7章　M&Aで必要となる注記（暫定的な会計処理，追加取得）･･･ 173

　　1　シンプルなケース以外の注記 ･････････････････････････････ 175
　　2　暫定的な会計処理を行った場合の注記 ･･･････････････････ 176
　　　(1)　時系列に応じて注記の内容が異なる ･････････････････････ 176
　　　(2)　年度決算で求められる注記 ･･････････････････････････ 176
　　　(3)　四半期決算で求められる注記 ･････････････････････････ 178
　　　(4)　比較情報の取扱い ･･････････････････････････････････ 182
　　3　追加取得の注記 ･････････････････････････････････････ 186
　　　(1)　注記の要否検討 ････････････････････････････････････ 186
　　　(2)　注記の3つのポイント ････････････････････････････････ 186
　　　(3)　追加取得の注記の記載例 ････････････････････････････ 188
　　　(4)　注記事項のポイントと事例 ･･････････････････････････ 190

お わ り に ･･ 193

参 考 文 献 ･･ 197

索　　　引 ･･ 199

目　次

(参考)　図表一覧

- 【図表1−1】　開示事例から分析したM&Aの手法 …………… 10
- 【図表1−2】　パーチェス・ジャーニーの全体像 ……………… 15
- 【図表2−1】　パーチェス・ジャーニー第一幕 ………………… 20
- 【図表2−2】　子会社判定チェックリスト ……………………… 24
- 【図表2−3】　現金による株式の購入の場合の支配関係 ……… 26
- 【図表2−4】　取得企業の決定の順番 …………………………… 29
- 【図表3−1】　パーチェス・ジャーニー第二幕・前半 ………… 33
- 【図表3−2】　企業結合日の一覧 ………………………………… 35
- 【図表3−3】　将来の業績に依存する条件付取得対価の仕訳イメージ ……… 47
- 【図表3−4】　特定の株式の市場価格に依存する条件付取得対価の仕訳イメージ ……………………………………… 48
- 【図表3−5】　特定の社債の市場価格に依存する条件付取得対価の仕訳イメージ ……………………………………… 49
- 【図表4−1】　パーチェス法の仕訳イメージ …………………… 54
- 【図表4−2】　パーチェス・ジャーニー第二幕・後半 ………… 55
- 【図表4−3】　企業結合に係る特定勘定の要件判定チェックリスト ……… 65
- 【図表4−4】　無形資産の開示事例分析 ………………………… 70
- 【図表4−5】　のれんの償却年数の開示事例分析 ……………… 83
- 【図表5−1】　パーチェス・ジャーニー第二幕・後半 ………… 93
- 【図表5−2】　株式購入のパターンと会計上の論点 …………… 94
- 【図表5−3】　購入のれん方式の算定 …………………………… 98
- 【図表5−4】　全部のれん方式の算定 …………………………… 102
- 【図表5−5】　段階取得における取得原価の算定 ……………… 106
- 【図表5−6】　段階取得における全面時価評価法 ……………… 108
- 【図表5−7】　持分法適用関連会社の段階取得における取得原価 ……… 111
- 【図表5−8】　持分法適用関連会社の段階取得における全面時価評価法 …………………………………………… 112

【図表5－9】	非支配株主からの追加取得	117
【図表6－1】	パーチェス・ジャーニー第三幕（シンプルなケース）	125
【図表6－2】	企業結合会計基準が求める「取得」の注記一覧	128
【図表6－3】	開示制度が求める「取得」の注記一覧	130
【図表6－4】	時系列による注記チェックリスト	148
【図表6－5】	M&Aに関する後発事象の注記が必要なケース・不要なケース	155
【図表6－6】	開示制度が求める「取得」の後発事象注記の一覧	156
【図表6－7】	四半期開示制度が求める「取得」の注記一覧	162
【図表6－8】	「取得」の注記が必要な決算時期の整理	172
【図表7－1】	パーチェス・ジャーニー第三幕（暫定的な会計処理，追加取得）	175
【図表7－2】	暫定的な会計処理に関する年度注記と四半期注記の関連	182
【図表7－3】	暫定的な会計処理に関する注記パターン	185
【図表7－4】	開示制度が求める「追加取得」の注記の一覧	187

＜記載例＞	年度決算における「取得」の注記	134
＜記載例＞	みなし取得日だけを記載した注記	138
＜記載例＞	企業結合日とみなし取得日を併記した注記	138
＜記載例＞	段階取得の経過を記載した注記	139
＜記載例＞	被取得企業の業績が含まれない注記	140
＜記載例＞	持分法が適用されていた場合の注記	140
＜記載例＞	条件付取得対価がある場合の取得原価の注記	141
＜記載例＞	段階取得における差額の注記	141
＜記載例＞	のれんを費用処理する場合の注記	143
＜記載例＞	負ののれんの注記	143
＜記載例＞	条件付取得対価の内容と会計処理方針に関する注記	144

目　次

<記載例＞　連結損益計算書への影響の概算額に重要性がない場合の
　　　　　　注記 …………………………………………………………… 147
<記載例＞　年度決算における「取得」の後発事象の注記 ………… 158
<記載例＞　後発事象のうち未確定の事項に関する注記 …………… 161
<記載例＞　四半期決算における「取得」の注記 …………………… 165
<記載例＞　連結財務諸表において同一の内容が記載される旨 …… 168
<記載例＞　暫定的な会計処理が行われた場合の年度注記 ………… 176
<記載例＞　暫定的な会計処理の確定が行われた場合の年度注記 … 178
<記載例＞　暫定的な会計処理が行われた場合の四半期注記 ……… 179
<記載例＞　暫定的な会計処理が確定した場合の四半期注記 ……… 180
<記載例＞　暫定的な会計処理が確定した場合の比較情報に関する
　　　　　　四半期注記 ……………………………………………………… 181
<記載例＞　当期中に暫定的な会計処理が実施・確定した場合の
　　　　　　年度注記 ……………………………………………………… 184
<記載例＞　年度決算における「追加取得」の注記 ………………… 189
<記載例＞　議決権比率に言及した追加取得の注記 ………………… 191

第1章　M&A会計は「パーチェス・ジャーニー」で理解する

- M&Aは経理部門に突然知らされる
- 企業結合会計基準をシンプルに理解するアプローチ
- パーチェス法の全体像

第1章　M&A会計は「パーチェス・ジャーニー」で理解する

1　M&Aは経理部門に突然知らされる

(1)　経理部門に時間的な余裕はない

　本書は，日本の会計基準に基づきM&A会計の実務に必要な基礎的な事項を解説するものです。M&Aとは，"Merger and Acquisition"（合併と買収）の略語です。また，M&A会計とは，M&Aに対して行う会計処理や注記を指すものとします。

　M&Aの大きな流れとしては，まず買収先の企業の候補先を選定し，次にその企業と交渉を経たうえで，M&Aに関する基本合意書を締結します。その後，買収先の企業を詳細に調査するデューディリジェンスを行った結果に基づき，M&Aに関する正式な契約を締結します。その契約に従って，M&Aが実行，いわゆるクロージングとなります。

　クロージングまでの過程で買収先企業の内部情報を取り扱うことから，秘密保持契約を締結することによって守秘義務を負います。買収する側の企業，買収される側の企業ともに買収の情報が漏れないようにするため，M&Aの案件に携わる人は極めて限定されます。一定規模以上の企業になると経営企画室といった部門がM&Aを企画・実施していくことが多いことから，こうした部門と経営層しかM&A案件が動いていることを知り得ません。

　M&Aの成功が見込めた段階になって，買収先企業の財務や法務などについて詳細な調査（デューディリジェンス）に踏み切ります。M&A案件が動いていることを経理部門が知るのは，このデューディリジェンスを実施しようとする段階です。ここでデューディリジェンス，特に財務デューディリジェンスを実施する専門家を手配するよう依頼されることによって，経理部門は自社がM&Aを実施しようとしていることをはじめて知るのです。

　デューディリジェンスを行うには買収される側の企業の協力が必要であり，また，専門家を利用すると相応のコストも発生します。そのため，デューディリジェンスを実施する段階に来たときには，クロージングまでの過程のうち8

割程度まで進捗していると言われます。経理部門がM&Aに関与するのは，それを知ったときからクロージングまでの期間となるため，M&Aの全過程の残り2割に過ぎません。その短い期間にデューディリジェンスの結果報告に基づき財務状況や契約内容を検討した結果，M&Aの意思決定とその実行が行われるため，時間的な余裕はありません。その期間内に経理部門は，M&Aを実施した年度や将来年度における業績のシミュレーションが行えるように，買収時におけるM&Aの会計処理や注記を検討することになります。

このとき，M&Aを頻繁に行っている企業の場合には，何をどうすべきかを熟知しているため，スムーズに対応できます。しかし，M&Aを頻繁に行っていない企業の場合や，過去にM&Aを行っていても定期的な人事ローテーションによって現在の経理担当者がM&A会計に不慣れな場合には，経理部門は短期間のうちにM&Aに関する会計処理や注記を理解する必要に迫られます。

(2) M&Aに関する会計基準

M&Aに関する会計処理や注記を理解するには，その取扱いが示された会計基準を把握することから始めます。M&Aに関する会計基準の特徴として，①範囲が広範なこと，また，②大きな改正があったことが挙げられます。

① 範囲が広範なこと

通常，ある経済事象を取り扱う会計基準は，1つです。しかし，M&Aに関する会計基準はメインとなるものはあるものの，関連する会計基準等が複数あります。

メインとなるものに，企業会計基準委員会（以下，「ASBJ」という）から公表されている企業会計基準第21号「企業結合に関する会計基準」および企業会計基準適用指針第10号「企業結合会計基準及び事業分離等会計基準に関する適用指針」が挙げられます。それぞれ「企業結合会計基準」と「企業結合適用指針」と呼ぶこととします。

しかし，M&Aの手法によっては，企業結合の会計処理を連結財務諸表のみ

で行う場合があります。このときには，企業会計基準第22号「連結財務諸表に関する会計基準」の取扱いも理解しておく必要があります。また，日本公認会計士協会（以下，「JICPA」という）から公表されている会計制度委員会報告第8号「連結財務諸表等におけるキャッシュ・フロー計算書の作成に関する実務指針」などで会計処理が示されている箇所もあります。このように，一口に「M&Aに関する会計基準」といっても，その範囲は広範なことがわかります。

② 大きな改正があったこと

平成15年に，企業結合会計基準は新設されました（以下，「平成15年会計基準」という）。当時の国際的な会計基準に基づきながらも，日本の過去からの取扱いや経済実態を踏まえて設定されたものでした。しかし，それが公表される直前に，国際的な会計基準の取扱いが大きく変わってしまいます。主な変更は，「持分プーリング法」と呼ばれる会計処理を廃止し「取得」と呼ばれる会計処理のみに変更したこと，また，それに伴いのれんを償却せずに減損処理のみに変更したことの2点です。

その結果，国際的な会計基準との差異が生じます。差異が生じたのは，企業結合に限らず，他の会計基準にもありました。IFRSと差異があることを理由として，ヨーロッパ域内で日本企業が日本の会計基準に基づき財務報告を行うことが問題視されたのです。そこで2007年8月，ASBJはいわゆる「東京合意」の締結によって会計基準の差異を解消していくことを表明します。

企業結合会計基準についても，国際的な会計基準との差異が解消されていきます。平成20年に改正された企業結合会計基準（以下，「平成20年改正会計基準」という）では，最も大きな差異のひとつである持分プーリング法を廃止しました。また，平成25年改正に改正された企業結合会計基準（以下，「平成25年改正会計基準」という）では，その他の多くの差異が解消されました。現在，残された差異で主なものは，のれんの取扱いです。

このように企業結合会計基準は，大きな改正が2度行われているのです。また，これらの改正に伴い，「連結財務諸表に関する会計基準」をはじめとした

関連する会計基準も改正されています。

　もし，M&Aを頻繁に行っていない企業で，過去の会計処理をなぞった場合には，これらの改正に対応できない可能性があります。よって，過去に行われた改正や関連する会計基準の改正をキャッチアップする必要もあるのです。しかも，時間的な余裕がない中で行わなければなりません。

(3) シンプルかつ強弱をつけた理解のアプローチ

　経理担当者として，広範な会計基準等をすべて理解し，また，改正論点もすべてキャッチアップすることは正しい姿勢です。ただ，その中には，あまり実務では遭遇しないものもあれば，M&Aの手法や契約内容によっては該当しないもの，検討が簡単に済むものもあります。また，企業結合会計基準はM&Aに関する会計処理以外も取り扱っているため，その中から取捨選択する必要もあります。しかし，やみくもに取り組んでいては，労力ばかりかかってしまいかねません。

　そこで，短期間のうちにM&Aに関する会計処理や注記を行えるようになるためには，企業結合会計基準をシンプルに理解していくアプローチが適切です。ここでいうシンプルとは，単一の要素だけのケースを取りあげて学んでいくことや，複数の要素があるケースであっても単一の要素から複数の要素へと順を追って学んでいくことを指します。また，基準や規則の内容を平面的に理解していくのではなく，実務で頻出するかどうかの強弱をつけることによって立体的に学ぶことも有益です。

2　企業結合会計基準をシンプルに理解するアプローチ

(1) 企業結合に該当するか

　M&Aの手法には，合併や事業譲渡，株式の購入，株式交換，株式移転などがあります。しかし，企業結合会計基準は，こうした手法ごとに規定していま

第1章　M&A会計は「パーチェス・ジャーニー」で理解する

せん。そうではなく，企業結合の種類に応じて規定されています。

　そこでM&Aが行われたときには，まず，その取引が企業結合に該当するかを検討していきます。取引が企業結合に該当しない場合には，企業結合会計基準が適用されないからです。基本的な検討ではあるものの，この入口を間違えると後の作業がすべてムダになるため，重要な作業になります。

　企業結合の定義は，次のとおり，企業結合会計基準の第5項で規定されています。

> 「企業結合」とは，ある企業又はある企業を構成する事業と他の企業又は他の企業を構成する事業とが1つの報告単位に統合されることをいう。なお，複数の取引が1つの企業結合を構成している場合には，それらを一体として取り扱う。

　ここで着目すべきは，「1つの報告単位」です。

　例えば，M&Aの手法が合併の場合には，ある企業と他の企業とが1つの報告単位に統合されます。また，事業譲渡の場合には，ある企業と他の企業を構成する事業とが1つの報告単位に統合されます。したがって，これらの手法では企業又は企業を構成する事業が「1つの報告単位」に統合されるため，企業結合の定義を満たします。よって，買収する側の企業における個別財務諸表で，企業結合会計基準が適用されることになります。

　これに対して，M&Aの手法が株式の購入や株式交換，株式移転などの場合には，経済的な実態としてはある企業と他の企業とが統合されるものの，買収する側の企業における個別財務諸表では，株式の取得として「子会社株式」などの科目で計上されるにとどまります。「1つの報告単位」として統合されていないため，個別財務諸表では企業結合会計基準が適用されません。ただし，連結財務諸表では，買収された側の企業が連結子会社として連結範囲に含まれると「1つの報告単位」として統合されるため，企業結合会計基準が適用されます。

　M&Aは基本的に企業結合の定義を満たすため，企業結合会計基準が適用さ

れる取引と考えられます。ただし，個別財務諸表から適用されるのか，あるいは，連結財務諸表のみに適用されるかには留意が必要です。

(2) 企業結合がどの種類に該当するか

M&Aの取引が企業結合に該当する場合，次に，企業結合がどの種類に該当するかを検討していきます。

企業結合の種類には，「取得」「共同支配企業の形成」「共通支配下の取引等」の3つがあります。取得の定義はあるものの，共同支配企業の形成や共通支配下の取引に該当しない企業結合が取得となる関係にあります。そこで，これらの定義をみていきます。

まず，「共同支配企業の形成」の定義は，次のとおりです。

> 「共同支配企業」とは，複数の独立した企業により共同で支配される企業をいい，「共同支配企業の形成」とは，複数の独立した企業が契約等に基づき，当該共同支配企業を形成する企業結合をいう。

共同支配企業の形成とは，いわゆる合弁会社やジョイント・ベンチャーを指します。

次に，「共通支配下の取引等」とは，①共通支配下の取引と②非支配株主との取引とから構成されます。ここでいう非支配株主との取引とは，子会社の株主のうち親会社以外の者との取引を指します。

これらのうち「共通支配下の取引」の定義は，次のとおりです。

> 「共通支配下の取引」とは，結合当事企業（又は事業）のすべてが，企業結合の前後で同一の株主により最終的に支配され，かつ，その支配が一時的ではない場合の企業結合をいう。親会社と子会社の合併及び子会社同士の合併は，共通支配下の取引に含まれる。

この共通支配下の取引には，企業集団内における企業結合が該当します。

残る「取得」の定義は，次のとおりです。

> 「取得」とは，ある企業が他の企業又は企業を構成する事業に対する支配を獲得することをいう。

したがって，相手先企業を自社グループの支配下に置くようなM&Aは，共同支配企業の形成でもなく共通支配下の取引でもないため，企業結合会計基準でいう「取得」に該当することがわかります。

(3) 企業結合会計基準でいう「取得」で頻出するM&A

相手先企業を自社グループの支配下に置くようなM&Aは，企業結合の定義を満たし，また，企業結合会計基準のうち「取得」に該当することがわかりました。そこで，企業結合会計基準に示された「取得」についての会計処理を理解していくことになります。

この「取得」の会計処理は，合併や事業譲渡，株式の購入，株式交換，株式移転などの手法にかかわらず適用されます。つまり，さまざまな手法をカバーできるように規定されているのです。このことは，ある手法では必要な規定であっても，別の手法では不要な規定や簡単に済ませられる規定があることを意味しています。

このとき，M&Aで頻出する手法を知ることができれば，それに応じた会計処理や注記を理解することができるため，短時間でM&A会計への対応が可能になります。そこで，有価証券報告書の連結財務諸表に記載された，取得に関する企業結合の注記について開示事例を分析しました。有価証券報告書を提出した上場企業のうち，2015年4月期から2016年3月期までの期間を対象とした結果は，【図表1－1】のとおりです。

【図表1-1】 開示事例から分析したM&Aの手法

手法	件数	割合
現金による株式購入	378	81.6%
事業譲受	41	8.9%
株式交換	27	5.8%
合併	6	1.3%
吸収分割	6	1.3%
株式移転	3	0.7%
その他	2	0.4%
計	463	100.0%

　調査対象として抽出された463事案のうち最も多い手法は，378件の株式の現金購入でした。全体に占める割合は81.6％となっています。2番目に多い手法は，41件の事業譲渡であり，また，全体に占める割合は8.9％となっています。3番目に多い手法は，27件の株式交換であり，また，全体に占める割合は5.8％でした。M&A（合併と買収）といいながらも合併を選択するケースは少なく，また，M&Aを容易にすると言われる株式交換も頻出しているとはいえない割合であったことが読み取れます。

　ここでM&Aの手法のうち株式を現金で購入する会計処理や注記を説明することによって実務の8割をカバーすることができます。しかも，相手先企業の株式を現金で購入する手法は，企業結合会計基準を最もシンプルに適用できるため，M&A会計の全体を理解することにも役立ちます。それが理解できれば他のM&Aの手法であっても応用が効くため，本書では基本的に，相手先企業の株式を現金で購入する手法を想定していくことにします。

3　パーチェス法の全体像

(1) 「取得」の会計処理はパーチェス法

　M&Aが企業結合会計基準でいう「取得」に該当する場合には，パーチェス

法と呼ばれる会計処理を適用します。これは，被結合企業から受け入れる資産および負債の取得原価を，対価として交付する現金および株式等の時価（公正価値）とする方法をいいます。例えば，相手先企業の株式を現金で購入するM&Aの場合，買収する側の企業が連結財務諸表を作成するにあたって子会社株式と相殺消去する資本は，時価評価した資産と負債とに基づくことになります。

このように，「取得」の場合に適用される会計処理がパーチェス法に一本化されたのは，平成20年改正会計基準からです。それまでは，一定の条件を満たす合併に限って，持分プーリング法と呼ばれる会計処理が適用されていました。これは，すべての結合当事企業の資産，負債および資本を，それぞれの適切な帳簿価額で引き継ぐ方法をいいます。この持分プーリング法は，IFRSとのコンバージェンスを進める観点から，平成20年改正会計基準で廃止されました。

(2) 持分プーリング法の廃止で生まれた「のれんの非償却」

① パーチェス法と持分プーリング法

M&Aのうち合併の実務では，従来から，パーチェス法と持分プーリング法とが認められてきました。パーチェス法では，受け入れる資産と負債を時価評価するため，買収価格との差異がのれんとして生じます。これは，償却を通じて将来年度の利益を圧迫していきます。一方，持分プーリング法では，受け入れる資産と負債を簿価で引き継ぐため，それらの受け入れにあたって差異は生じません。よって，のれんが計上されないことから，将来の利益が圧迫されることもありません。

このような違いは，経営者にとって都合のよい会計処理を選択する余地を残していました。M&Aを行う際に，本来は買収を意図していたところ外形上は対等合併とすることによって持分プーリング法を適用するのです。特にアメリカでは，1990年代にIT企業を中心に持分プーリング法を濫用していたことが問題視されました。

② 持分プーリング法の廃止とのれんの非償却

1999年6月，アメリカにおける会計基準の設定主体である財務会計基準審議会（FASB：Financial Accounting Standards Board）は，持分プーリング法を廃止する公開草案「企業結合と無形資産」を提案します。このとき，国際的な会計基準に合わせるために，のれんの最長償却期間を40年から20年へと短縮することも提案します。これに対して特にIT企業から反対意見が強かったことから，この公開草案は確定するに至りませんでした。

そこで再度の公開草案で，持分プーリング法の廃止を継続して提案する一方で，のれんを非償却として扱い，かつ，減損テストを実施することとする提案を行います。つまり，収益性がある限り，のれんは計上するものの償却が不要となるのです。

この提案が受け入れられた結果，財務会計基準書（SFAS）第141号「企業結合」では，持分プーリング法の適用が禁止されたことから，パーチェス法に一本化されます。また，財務会計基準書（SFAS）第142号「無形資産」ではのれんの定期償却を廃止するとともに，減損テストの実施が取り込まれました。

一方で，のれんを償却しない取扱いがアメリカの企業だけに適用されると，ヨーロッパの企業は比較のうえで不利になります。そこで，2002年にIFRSは公開草案「企業結合」を提案します。アメリカと同じく，持分プーリング法を廃止するとともに，のれんを非償却として減損テストを実施することを提案します。これが2004年3月に，国際財務報告基準（IFRS）3号として確定するに至ります。

③ 改正が避けられなかった日本の企業結合会計基準

日本では2003年10月に，企業結合に関する包括的な会計基準として，企業会計審議会から「企業結合に係る会計基準」が公表されました。従前からの国際的な会計基準にも沿った形で，パーチェス法とともに，一定の条件のもとで持分プーリング法の適用が認められていました。

第1章 M&A会計は「パーチェス・ジャーニー」で理解する

　一方で，国際的な会計基準に目を向けると，日本の企業結合会計基準の公表から2年前の2001年6月には，アメリカでは持分プーリング法の禁止とのれんの非償却を規定した会計基準がすでに確定していました。また，IFRSは，その公表時には公開草案であったものの，半年後の2004年3月にはアメリカと同様の会計基準が確定しています。つまり，日本の企業結合会計基準は公表された時点で，国際的な会計基準との差異を抱えていたのです。もちろん，日本が持分プーリング法の適用を残していたのには理由があります。たとえ少ないケースであっても，対等合併という形態がある以上，その経済的実態を反映できる会計基準が必要であると考えたためです。

　そうした中，EU（欧州連合）は，2005年から，欧州市場で上場する域内の企業に対して連結財務諸表にIFRSを適用することを義務付けました。また，欧州市場で資金調達を行うEU域外の企業に対しては，IFRSを適用するか，あるいは，同等な基準を適用するかを義務付けました。ここで日本の会計基準がIFRSと同等と評価されなければ，欧州市場で日本の会計基準に基づく財務報告が認められなくなります。

　IFRSとの同等性に関する検討を依頼された欧州証券規制当局委員会（CESR）は，2005年7月に「第三国基準の同等性評価に関する技術的助言」を公表します。その結果，日本の会計基準は総じてIFRSと同等であると評価されたものの，26の補完措置が要求されました。そのひとつに，持分プーリング法が指摘されていました。

④　東京合意で加速するIFRSとのコンバージェンス

　ASBJは，2005年からIFRSのコンバージェンスを進めてきたところ，それを加速することの合意を2007年8月に国際会計基準審議会（IASB）と共同で公表します。これは「東京合意」と呼ばれます。そのスケジュールは，短期コンバージェンス・プロジェクトとその他のコンバージェンス・プロジェクトに区分されて進められました。

　最初に進められた短期コンバージェンス・プロジェクトは，IFRSとの同等

性評価で補完措置が求められた項目について2008年までに対応を図るものです。企業結合に関しては，平成20年改正会計基準が該当します。

　次に進められたその他のコンバージェンス・プロジェクトは，国際会計基準審議会（IASB）との間で識別されてきた日本の会計基準とIFRSとの重要な差異のうち短期コンバージェンス・プロジェクト以外の項目などについて，2011年までに解消を目指すものです。企業結合に関しては，平成25年改正会計基準が該当します。

　このように，日本の企業結合会計基準は，IFRSとのコンバージェンスを図る目的で2度の改正が行われ，また，その範囲も多岐に及んでいます。したがって，パーチェス法を理解するにあたっては，改正の有無に留意していく必要があります。

　なお，のれんの非償却については，日本の企業結合会計基準には取り込まれてはいません。この方針を受けて，修正国際基準（国際会計基準と企業会計基準委員会による修正会計基準によって構成される会計基準）においても，IFRSで定められているのれんの非償却を削除または修正を行うことによって，のれんを償却するよう求めています。企業会計基準委員会による修正会計基準第1号「のれんの会計処理」には，次のとおり，償却すべき理由が挙げられています。

・　のれんは投資原価の一部であるため，投資原価を超えて回収された超過額を示す利益と適切な期間対応を図るには償却が必要なこと
・　のれんが超過収益力を示すなら，競争の進展によってその価値が減少するため，非償却とすると減価を無視することになること

　また，のれんの非償却を支持する見解に対しては，次のように反証しています。

・　のれんの耐用年数や減価のパターンが一般に予測不能とする見解に対しては，買収にあたって十分な分析を行ったうえで決定しているため耐用年数の見積りは可能である。また，対象年数や償却パターンの見積りの困難さは有

第1章 M&A会計は「パーチェス・ジャーニー」で理解する

形固定資産でも同様である。
・ 企業結合後の支出によって自己創設のれんが計上されないことからのれんを償却していくことを疑問とする見解に対しては、広告費のような会計処理とは別の議論である。
・ 厳密で実用的な減損テストが開発できれば償却よりも有用な情報を提供できるとする見解に対しては、費用配分と回収可能判断とでは目的が異なるため減損テストによって償却を補えない。また、企業結合後に生じた自己創設のれんによって減損損失が認識されないこともあるため、減損テストでは企業結合で取得したのれんの減価を示せない。

(3) 三幕構成のパーチェス・ジャーニー

パーチェス法を理解していくにあたって、まずは全体像を押さえておくことが重要です。実務上の手順としては、まずパーチェス法が適用される企業を特定し、次にパーチェス法に基づく仕訳を行い、最後に注記を行う、という流れになります。

【図表1-2】 パーチェス・ジャーニーの全体像

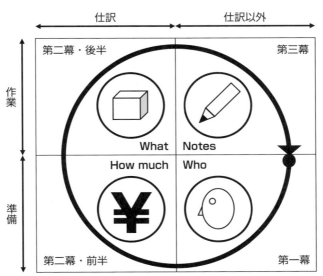

この流れを容易に理解でき，かつ，記憶に残りやすいように，パーチェス法の手順をひとつの旅のようにマッピングしたものが，【図表1-2】に示した「パーチェス・ジャーニー」です。これは，本書における造語です。

　このパーチェス・ジャーニーは，左側が仕訳を，また，右側が仕訳以外を示します。また，下側が準備を，また，上側が作業を示します。これらの組み合わせによって，大きく三幕構成が描けます。

　スタートの第一幕は，右下の領域です。ここでは，会計処理を行う主体を検討します。M&Aによって「誰が」取得したかを明らかにしていくのです。買収した側の企業が特定されると，会計処理のステージに進んでいきます。

　続く第二幕は，左側の領域です。ここでは，会計処理を行っていきます。ここは，さらに前半と後半に分かれます。左下の領域にある前半のステージでは，会計処理の準備を行います。具体的には，M&Aで「いくらで」取得したかを算定していきます。また，左上の領域にある後半のステージでは，会計処理の作業を行います。パーチェス法の仕訳を行うため，M&Aによって「何を」取得したか，その科目と金額を検討していきます。

　最後の第三幕は，右上の領域です。ここでは，M&Aがどのような内容なのかを注記していきます。注記まで意識しなければ，開示の段階になって「ここまで記載するのか」と慌てることになりかねません。そこで実務の手順に従って注記まで含めた一連の流れとしてパーチェス・ジャーニーを描いています。これに沿って，第2章以降を解説していきます。

第2章 「誰が」取得したか

- 取得企業の決定
- まずは支配概念に基づき検討する
- 支配概念では取得企業が不明確な場合の取扱い

1 取得企業の決定

(1) 対等な企業結合という考え方はない

　パーチェス・ジャーニーの第一幕は，会計処理を行う主体，つまり，M&Aで「誰が」取得したかの検討です。これは，企業結合会計基準で「取得企業の決定」として示されている取扱いに該当します。

　ここで取得企業とは，「ある企業または企業を構成する事業を取得する企業」と定義されます。つまり，買収する側の企業のことを指します。一方，取得される企業，つまり，買収される側の企業は「被取得企業」と呼ばれます。

　M&Aは1社では行えないため，必ず複数の企業が当事者となります。企業結合会計基準では，その当事者が2社であろうが3社以上であろうが，そのうちの1社を必ず取得企業として特定していきます。なぜなら，平成20年改正会計基準によって持分プーリング法の適用が廃止されたため，企業結合会計基準でいう「取得」に該当するM&Aに対等な企業結合という考え方がなくなったからです。

　したがって，M&Aの当事者は，取得企業と被取得企業とに必ず区分されることになります。

(2) 第一幕の概要

　取得企業が適切に決定されないと，取得企業となるべき企業がパーチェス法を適用しないことになります。その結果，被取得企業から受け入れる資産や引き受ける負債について，時価評価すべきところ簿価で引き継ぐことになります。これでは，買収したこと，すなわち，経済的な実態を財務諸表や連結財務諸表に適切に反映できなります。そのため，パーチェス法の適用に先立って取得企業を特定しておく必要があるのです。

　取得企業の決定の手順は，支配概念に基づく検討，4つの判断要素の検討の2つで構成されます。

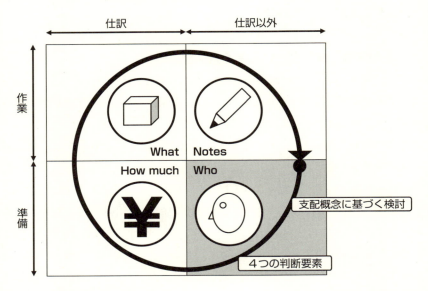

【図表2−1】 パーチェス・ジャーニー第一幕

　その決定の根拠は注記で開示することになるため、慎重に行うとともに、その過程を決算資料として作成しておくことが適当です。ただし、M&Aの手法が現金による株式の購入の場合には、3つの手順のうち最初の検討で終えることになるため、取得企業の決定がシンプルに行えます。

2　まずは支配概念に基づき検討する

(1)　参照先は連結会計基準

　取得企業の決定にあたって最初に行う手順は、支配概念に基づく検討です。ここでいう支配の概念は、企業結合会計基準の固有のものではなく、連結会計基準における考え方が用いられています。つまり、企業会計基準第22号「連結財務諸表に関する会計基準」（以下、「連結会計基準」という。）に従って、支配を獲得した企業が取得企業であると特定していきます。

　連結会計基準では、子会社に該当するかどうかを支配力基準によって判定し

ます。この支配力基準とは、他の企業の意思決定機関を支配しているかどうかを判定する際に、議決権の所有割合という形式的な判断をベースとしながらも、それ以外に支配力を実質的に行使しうる要素も加味したうえで検討する基準をいいます。検討の結果、支配されていると判定された企業は、子会社として取り扱われます。

その具体的な指針については、次の「(2) M&Aの場合の支配概念に基づく検討」で説明していきます。ただし、財務や営業、事業上の関係からみて、その企業の意思決定機関を支配していないことが明らかであると認められる場合を除く点に留意が必要です。

(2) M&Aの場合の支配概念に基づく検討

M&Aにおける取得企業を決定するにあたっては、連結会計基準の第7項が定める支配力基準に基づき判定していきます。M&Aの当事者のうち他の企業の意思決定機関を支配した企業が、取得企業となります。この支配力基準をM&Aにあてはめると、次のとおり、議決権の所有割合を3つのケースにわけたうえで検討していきます。

ケース1	所有する議決権が50％超となる場合

これは、M&Aによって、ある企業が他の企業の議決権の50％超を所有する結果となる場合です。議決権の過半数を占めることから、他の企業に対して支配力を行使できることが明らかです。よって、M&Aにおいて議決権の過半数を所有する結果となる企業がある場合には、その企業が取得企業として決定されます。

ケース2	所有する議決権が40％以上かつ50％以下となる場合

これは、M&Aによって、ある企業が他の企業の議決権の40％以上かつ50％以下を所有する結果となる場合です。議決権の過半数を満たさないため、この要素だけでは支配力を行使できません。そこで、それ以外に支配力を実質的に

行使しうる要素について，次に示す(ア)から(オ)のいずれかを満たす企業がある場合には，その企業が取得企業として決定されます。

・要素(ア)　議決権割合
　これは，40％以上を所有する結果となった議決権に加えて，緊密な者や同意する者が所有している議決権も合わせると，他の企業の議決権の50％以上を所有する結果となる場合です。ここで，緊密な者とは，出資や人事，資金，技術，取引などの関係が緊密なことから，ある企業と同じ内容の議決権を行使すると認められる者をいいます。一方，同意する者とは，ある企業と同じ内容の議決権を行使することに同意している者をいいます。

・要素(イ)　意思決定機関への影響力
　これは，他の企業における取締役会やそれに準ずる機関の構成員が，影響力が及ぶ者によって過半数を占める場合です。この影響力が及ぶ者とは，現在または過去に自社の役員や従業員であった者のうち，他の企業の財務および営業または事業の方針を決定する際に影響を与えることができる者を指します。

・要素(ウ)　重要な方針の決定
　これは，他の企業に対して，重要な財務および営業または事業の方針の決定を支配できる契約などがある場合です。

・要素(エ)　融資割合
　これは，他の企業の貸借対照表で負債計上されている資金調達の総額のうち，自社で過半を融資している場合です。この融資には，債務の保証や担保の提供を含みます。また，緊密な者が行う融資の額と合わせると，資金調達の総額の過半となる場合も含みます。

・要素(オ) 意思決定機関の支配
　これは，M&Aを行う他の企業における意思決定機関を支配していることが推測される事実がある場合です。

| ケース3 | 所有する議決権が40％未満となる場合 |

　これは，M&Aによって，ある企業が他の企業の議決権の40％未満を所有する結果となる場合です。この場合に次の2つを満たす企業があるときには，その企業が取得企業として決定されます。
・　緊密な者や同意する者が所有している議決権も合わせると，他の企業の議決権の50％超を所有する結果となること
・　ケース2の要素(イ)から要素(オ)のいずれかに該当すること

　こうした支配概念に基づく検討をチェックリストにしたものが，【図表2－2】です。

【図表2－2】 子会社判定チェックリスト

(注) 「関連規定」欄の略語
　　「基」は，企業会計基準第22号「連結財務諸表に関する会計基準」を指す。
　　「適」は，企業会計基準適用指針第22号「連結財務諸表における子会社及び関連会社の範囲の決定に関する適用指針」を指す。

Ⅰ　議決権の所有割合の確認

	関連規定	株式数	所有割合
発行済株式		×××	
自己株式	適5(1)	×××	
完全無議決権株式	適5(2)	×××	
会社法第308条第1項による相互保有株式	適5(3)	×××　×××	
行使し得る議決権		×××	××.×％
自己の計算において所有する議決権			
自社	適6	×××	
子会社	適6	×××	
小計(A)		×××	××.×％
小計(A)が50％以下の場合には，次の議決権も記載する。			
緊密な者	適8	×××	
同意している者	適8	×××	
		×××	
合計(B)		×××	××.×％

Ⅱ　チェック項目

	項目	関連規定	否	然
1	更生会社，破産会社その他これらに準ずる企業であって，かつ，有効な支配従属関係が存在しないと認められる企業である	基7(1)	□ 2へ	□ 子会社ではない
2	「Ⅰ　議決権の所有割合の確認」の小計(A)の所有割合が50％超	基7(1)	□ 3へ	□ 子会社
3	「Ⅰ　議決権の所有割合の確認」の小計(A)の所有割合が40％以上50％以下	基7(2)	□ 4へ	□ 3－1へ
3－1	「Ⅱ　要件」の①から⑤のいずれかに該当する	基7(2)	□ 4へ	□ 子会社
4	「Ⅰ　議決権の所有割合の確認」の合計(B)の所有割合が50％超	基7(3)	□ 子会社でない	□ 4－1へ
4－1	「Ⅲ　要件」の②から⑤のいずれかに該当する	基7(3)	□ 子会社でない	□ 子会社

第2章 「誰が」取得したか

Ⅲ 要　件

	要件	関連規定	否	然
①	「Ⅰ　議決権の所有割合の確認」の合計(B)の所有割合が50％超	基7(2)①		
②	役員もしくは使用人である者，またはこれらであった者で自己が他の企業の財務および営業または事業の方針の決定に関して影響を与えることができる者が，当該他の企業の取締役会その他これに準ずる機関の構成員の過半数を占めている	基7(2)②		
③	他の企業の重要な財務および営業または事業の方針の決定を支配する契約等が存在する （例）	基7(2)③		
	他の会社から会社法上の事業全部の経営の委任（会社法第467条第1項第4号）を受けている	適12		
	原材料の供給・製品の販売に係る包括的契約，一手販売・一手仕入契約等により，当該他の会社にとっての事業依存度が著しく大きい	適12(1)		
	営業地域の制限を伴うフランチャイズ契約，ライセンス契約等により，当該他の会社が著しく事業上の拘束を受ける	適12(2)		
	技術援助契約等について，当該契約の終了により，当該他の会社の事業の継続に重要な影響を及ぼすこととなる	適12(3)		
④	他の企業の資金調達額（貸借対照表の負債の部に計上されているもの）の総額の過半について融資（債務の保証および担保の提供を含む。以下同じ。）を行っている（自己と出資，人事，資金，技術，取引等において緊密な関係のある者が行う融資の額を合わせて資金調達額の総額の過半となる場合を含む。）	基7(2)④		
⑤	その他他の企業の意思決定機関を支配していることが推測される事実が存在する （例）	基7(2)⑤		
	当該他の企業が重要な財務および営業または事業の方針を決定するにあたり，自己の承認を得ることとなっている	適14(1)		
	当該他の企業に多額の損失が発生し，自己が当該他の企業に対し重要な経営支援を行っている場合または重要な経営支援を行うこととしている	適14(2)		
	当該他の企業の資金調達額（貸借対照表の負債の部に計上されているものに限らない。）の総額の概ね過半について融資および出資を行っている	適14(3)		

(3) 相手先企業の株式のすべてを現金で購入するM&A

　ここで、相手先企業の株式のすべてを現金で購入するM&Aにおける取得企業の決定について考えてみます。仮に、A社が、現金を対価としてB社株式のすべてを購入したとします。

　この購入によって、B社はA社の100％子会社になります。完全支配関係となるため、支配を獲得したA社が取得企業として決定されます。

　また、M&Aを行う前のB社の株主は、B社株式をA社にすべて譲渡した結果、B社に対する支配をなくしています。その対価は現金のため、B社の株主であった者はA社の株式を得ていないことから、A社の他にB社を支配している者はいません。よって、B社が被取得企業となることは明らかです。

　このように、M&Aの手法が現金で株式を購入する場合には、支配関係が明確なため、取得企業を容易に決定できます。

【図表2－3】　現金による株式の購入の場合の支配関係

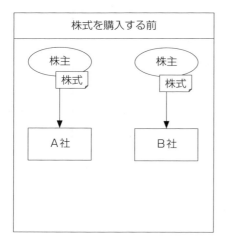
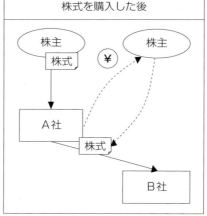

3　支配概念では取得企業が不明確な場合の取扱い

(1)　4つの判断要素

　M&A会計をシンプルに理解するために想定した，相手先企業の株式を現金で購入するM&Aでは，買収する側と買収される側との支配関係が明確なことから，取得企業を容易に決定できました。

　一方，真の対等合併であるM&Aや同じ規模の企業が3社以上合併するM&Aなどのように，支配概念に基づいて検討したとしても取得企業を明確にできないケースがあります。つまり，買収する側の企業と買収される側の企業とが区別されにくい場合です。

　そのような場合には，企業結合会計の第19項から第22項に掲げる要素を考慮して取得企業を決定していきます。具体的には，次のとおりです。

| 要素1 | 主な対価として現金等を引き渡しているか（企業結合会計第19項） |

　モノの売買では，対価を支払うことによって対象となるモノを得ます。このとき，対価を支払ったほうが買い手となり，また，モノを提供したほうが売り手となります。M&Aでも同様に，対価として現金を支払った企業は，相手先企業やその事業を獲得するため，取得企業として特定できます。

　そのため，M&Aの対価として現金やその他の資産を引き渡す場合，または，負債を引き受ける場合には，通常は，その現金やその他の資産を引き渡す企業，または，負債を引き受ける企業が取得企業となります。

| 要素2 | 主な対価として株式を交付しているか（企業結合会計第20項） |

　M&Aの対価として，株式を交付する場合があります。この場合も，通常は，株式を交付する企業が取得企業となります。対価が現金のM&Aと同様に，対価として株式を交付した企業が，相手先企業やその事業を獲得するからです。

　しかし，M&Aの主な対価が株式の場合には，株式を交付した会社と企業結

合会計上の取得企業とが一致しない「逆取得」と呼ばれる事象が生じることがあります。M&Aにおける逆取得の例としては，吸収合併において消滅会社が取得企業となる場合が挙げられます。

このようにM&Aの対価が株式の場合には逆取得となるケースも考えられるため，原則として株式を交付する企業を取得企業とするものの，次のような複数の判断要素を総合的に勘案することが求められています。なお，これらの判断要素に優先順位はありません。

① 総体としての株主が占める相対的な議決権比率の大きさ
② 最も大きな議決権比率を有する株主の存在
③ 取締役等を選解任できる株主の存在
④ 取締役会等の構成
⑤ 株式の交換条件

要素3	相対的な規模が著しく大きいか（企業結合会計第21項）

M&Aの当事者の中で，資産総額や売上高，当期純利益などの財務数値が著しく大きい企業が存在する場合があります。この場合，通常は，相対的な規模が著しく大きな企業が取得企業となります。

要素4	結合当事企業が3社以上の場合に，どの企業が最初に提案したか（企業結合会計第22項）

M&Aの当事者が多い場合には，相対的な規模の著しい大きさだけでは取得企業の決定が困難な場合があります。そのような場合を踏まえて，どの企業がM&Aを最初に提案したかを考慮することが適当なことがあります。したがって，M&Aを最初に提案した企業かどうかも判断要素に加えられています。

第2章 「誰が」取得したか

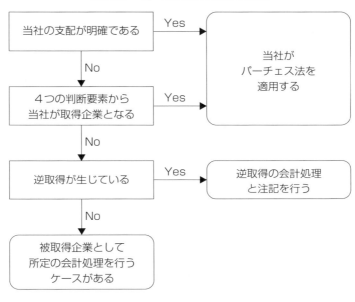

【図表2－4】 取得企業の決定の順番

(2) 逆取得の場合の取扱い

　M&Aの主な対価が株式の場合に、取得企業の決定において、株式を交付した会社と企業結合会計上の取得企業とが一致しない逆取得が生じるケースがあります。例えば、吸収合併によるM&Aで、当社が消滅会社ではあるものの、逆取得であることから当社が取得企業となる場合を考えてみます。

　当社は消滅会社のため、個別財務諸表で特段の会計処理を行うことはありません。相手先企業の個別財務諸表において、当社の資産および負債が簿価で引き継がれます。ただし、逆取得として当社が取得企業となる場合には、相手先企業の連結財務諸表において、当社が取得企業としてパーチェス法を適用する、つまり、相手先企業の資産および負債を時価評価することになります。

　ここで、相手先企業が連結財務諸表を作成していない場合には、当社が取得企業としてパーチェス法を適用したとしたときに貸借対照表と損益計算書に及

ぼす影響額を個別財務諸表に注記することが求められます。この注記によって財務諸表の利用者は，パーチェス法を適用した場合の状況に読み替えることができます。ただし，相手先企業が連結財務諸表を作成している場合には，連結財務諸表にパーチェス法が適用されるため，その旨を記載することによって，この注記が不要となります。

(3) 取得企業の決定に関する根拠の注記

　企業結合でいう「取得」を行った場合には，取得企業を決定するに至った主な根拠を注記する必要があります。これは，平成20年改正会計基準から求められた取扱いです。平成20年改正会計基準で持分の結合という考え方が廃止された結果，必ず取得企業を決定しなければならなくなったために，その主な根拠の記載が求められているのです。そのため，取得企業を決定した過程を決算資料として作成しておくことが必要です。

　ここで注意すべきは，検討手順の順番です。支配概念が優先されるのであって，決して対価が先に来るのではありません。この検討の過程を誤ると注記の記載内容にまで影響が及ぶため，取得企業の決定の手順を正しく踏むことが重要です。なお，具体的な記載の仕方については，第6章で解説します。

第3章 「いくらで」取得したか

- 取得原価の算定
- 基本原則
- 支配獲得時の取得関連費用の取扱い
- 条件付取得対価

第3章 「いくらで」取得したか

1 取得原価の算定

(1) パーチェス・ジャーニー第二幕・前半の概要

　パーチェス・ジャーニーの第二幕の前半は，パーチェス法に基づく会計処理の準備，つまり，M&Aを「いくらで」取得したかの算定です。これは，企業結合会計基準で「取得原価の算定」として示されている取扱いに該当します。

　ここで留意すべきは，パーチェス法に基づく仕訳を起票するにあたって，科目名よりも先にM&Aとしての金額を決めていく順番となっている点です。科目名については，パーチェス・ジャーニーの第二幕の後半で検討することになります。

【図表3－1】　パーチェス・ジャーニー第二幕・前半

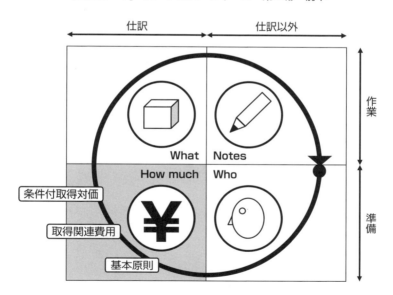

(2) 強弱をつけた手順の絞込み

企業結合会計基準では，取得原価の算定に関して，次の規定が設けられています。

① 基本原則
② 株式の交換の場合の算定方法
③ 取得が複数の取引により達成された場合（段階取得）の会計処理
④ 取得関連費用の会計処理
⑤ 条件付取得対価の会計処理

こうして5つの規定が挙げられているものの，相手先企業の株式を現金で購入するM&Aでは，②は該当がありません。また，③については，相手先企業の株式の一部を現金で購入するM&Aとして第5章で取り扱っていきます。さらに，⑤は開示事例が極めて少ないことから，実務で遭遇するケースは稀でしょう。

したがって，本書で想定している，相手先企業の株式を現金で購入するM&Aで取得原価の算定でポイントとなる点は，①基本原則と④取得関連費用の会計処理に絞られます。

2　基本原則

(1) 支払対価となる財を対象とすること

M&Aで獲得した企業や事業を「いくらで」取得したかについて，その基本原則が企業結合会計基準に示されています。これには，①支払対価となる財を対象とすること，②企業結合日を基準とすること，③時価によること，の3つのポイントが挙げられています。これらを順番に解説していきます。

まず，基本原則の1つ目の「支払対価となる財を対象とすること」です。これを理解する前に，一般的な交換取引を考えてみます。

例えば，A社が，B社から商品10個を仕入れるために，現金1万円を支払ったとします。このとき，商品の取得原価は1万円と算定されます。この交換取

引は，A社が商品10個と現金1万円とが等価であると判断されたからこそ成立するものです。もし，商品10個が1万円に値しないと判断された場合には，この取引は成立しないでしょう。A社が，商品10個に対して例えば9,000円の価値があると判断した場合で，B社も商品10個を9,000円で交換することに応じるならば，この交換取引が成立するはずです。

この例からわかることは，一般的には，受け入れる資産と支払対価である財との価値が等しいときに，交換取引が成立する，ということです。いわゆる「等価交換」です。受け入れる資産の時価と等しい金額の財を対価として支払うため，支払対価となる財の金額が，受け入れる資産の時価を表していることを意味します。例えば，交換取引で1万円を支払ったのならば，受け入れた資産の時価は1万円に等しい，ということです。

M&Aにおける取得原価の算定においても，交換取引の考え方と整合するように，獲得する企業や事業についての取得原価は，原則として，支払対価となる財から考えていきます。つまり，支払対価となる財の時価が取得原価として算定されるのです。

(2) 企業結合日を基準とすること

M&Aにおける取得原価は，企業結合日を基準として算定します。企業結合日は，M&Aの手法に応じて，次のとおりとなります。

【図表3-2】 企業結合日の一覧

手　　　法	企業結合日
現金で株式を購入	購入日
合併	合併期日
会社分割	分割期日
株式交換	株式交換日
株式移転	株式移転日

このうち株式交換に関する企業結合日の取扱いは，平成20年改正会計基準で

変更されました。

　株式交換によるM&Aが企業結合会計基準でいう「取得」に該当する場合，市場価格のある取得企業等の株式が取得の対価として交付されるときに，いつの時点の株価で取得原価を算定するかが論点となります。その交付した株式の測定日について，①合意公表日と②株式交換日の2つの考え方がありました。

　①の合意公表日は，主要な交換条件が合意されて公表された時点での株価で測定する考え方です。一方，②の株式交換日は，実際に被取得企業の支配を獲得した日の株価で測定する考え方です。

　平成15年会計基準では，株式以外の財産を引き渡した場合には，企業結合日の時価で測定していました。しかし，株式の交付の場合に限って，合意公表日の株価で測定する取扱いとしていました。つまり，株式交換だけが②の考え方によっていたのです。

　そこで平成20年改正会計基準では，IFRSとのコンバージェンスへの配慮を理由に，①の考え方に統一する取扱いへと変更しました。これによって株式交換であっても，①の考え方に基づき，原則として企業結合日における株価を基礎にして算定することになりました。

(3)　時価によること

　M&Aにおける取得原価の算定は，支払対価の時価で測定されます。その形態が現金である場合には，時価は現金支出額になります。よって，相手先企業の株式を現金で購入するM&Aでは，獲得した企業の取得原価を現金の額で測定していきます。これが原則的な取扱いです。

　しかし，支払対価は現金に限りません。現金以外の資産の引渡しや，負債の引受け，または，株式の交付といったように様々な形態が考えられます。すると，これらの形態ごとの財の時価をもって取得原価が算定されることになります。

　ただ，時価と一口に言っても，マーケットで観測されるような客観性の高い時価もあれば，多くが見積もりによるような主観性の強い時価もあります。財

務諸表の利用者の利害関係を調整する役割も持つ財務報告では，複数の選択肢がある場合には，利害関係者がより納得しうるものを選択することが望まれます。このときに，支払対価となる財の時価を用いるよりも，獲得する企業や事業の時価を用いたほうが適切なケースもあるでしょう。

したがって，支払対価が現金以外の場合には，支払対価となる財の時価と，獲得する企業や事業の時価とを比較した結果，より高い信頼性をもって測定できる時価が取得原価とされます。このように，取得原価の算定が支払対価となる財に基づかない例外的な取扱いがあることに留意が必要です。

3　支配獲得時の取得関連費用の取扱い

(1)　パーチェス法の下では取得原価に含めない

パーチェス法の適用にあたって「いくらで」取得したかを決定する際に，何を取得原価に含めるかという観点に加えて，何を取得原価に含めないのかという観点も必要になります。

取得原価に含めるものとして，M&Aの対象が企業の場合には，その企業の株主に対して支払う対価の額が挙げられます。また，企業を構成する事業の場合には，その企業そのものに対して支払う対価の額が挙げられます。例えば，A社が現金を対価としてB社株式のすべてを購入したときには，B社の株主に支払った現金支出額が取得原価を構成することになります。

これに対して，パーチェス法の適用時に取得原価に含めないものとして，「取得関連費用」が挙げられます。子会社株式の購入にあたって，外部のアドバイザリーを利用することがあります。法律や会計，評価といった専門家を利用した場合には，その業務に対する報酬や手数料，コンサルタントフィーなどが発生します。こうした外部のアドバイザー等に支払った特定の報酬・手数料等は，「取得関連費用」と呼ばれます。この支出は，平成25年改正会計基準によって，発生した事業年度の費用として計上するものとして変更されています。ただし，個別財務諸表における子会社株式の取得原価については，企業結合会

計基準の適用を受けないため，金融商品会計基準に従って取得関連費用を取得原価に含める点に留意が必要です。

また，取得関連費用については，段階的に支配を獲得した場合や子会社株式を追加取得した場合の取扱い，持分法適用会社に対する取扱いといった論点があります。これらについては，第5章で説明します。

(2) 取得関連費用の具体例

M&Aを実施する場合に，特に買い手側はさまざまなアドバイザリーを起用することがあります。

例えば，投資銀行や証券会社，M&Aの仲介会社などから，案件の持ち込みや現状における事業の評価，買収交渉の支援などを受けます。また，戦略コンサルタントからは，売り手側の企業における経営環境の分析を通じた将来性の評価や，買い手側の企業にとってシナジー効果が得られるための事業計画について作成支援などを受けます。この他，事業や財務，法務，税務などの分野でデューディリジェンスを実施するために，公認会計士や弁護士，税理士といった専門家を利用することもあります。

なお，買い手側の会計監査を行っている監査法人に対しては，財務デューディリジェンスの業務を依頼することはできても，株価算定といった評価に関する業務は依頼できない点に留意が必要です。これは，監査法人が評価した結果を会計監査で検討するという自己監査となることから禁止されているためです。

これらのアドバイザリーに支払う報酬や手数料は，成功報酬の業務もあれば，時間などに応じて算定される業務もあります。また，成功報酬も単に買収価格に比例するケースだけではなく，その他の指標にも影響されるケースもあります。こうした取得関連費用は，M&Aの手法や規模などにもよるものの，多額となることが多いものと考えられます。

(3) 取得原価に含めない理由

 平成25年改正会計基準が適用されるまでは，取得とされた企業結合に直接要した支出額のうち取得の対価性が認められる取得関連費用は，取得原価に含めていました。これは，企業結合でいう「取得」はあくまで等価交換取引であるとの考え方を重視することによって，取得企業が等価交換の判断要素として考慮した支出額に限っては取得原価に含めることが適当と判断したためです。また，資産を取得する際に付随する費用は取得原価に含めることによって，投資したすべてのコストに対する回収状況を算定している他の会計基準や一般的な実務とも整合するため，一貫性が保つことができました。

 しかし，取得関連費用を取得原価に含める取扱いには，①国際的な会計基準との不整合，②取得原価に含める取得関連費用の線引きが困難，という2つの問題点がありました。

① 国際的な会計基準との不整合

 1つ目の問題点は，取得関連費が国際的な会計基準では費用として計上されていたことと整合していなかった点です。

 平成19年8月の東京合意を受けて，当時の日本の会計基準はIFRSとのコンバージェンスを加速させる必要がありました。取得関連費用の取扱いもその検討が必要な論点のひとつとして，平成21年7月10日にASBJから公表された「企業結合会計の見直しに関する論点の整理」に挙がっていたものです。

 国際的な会計基準では，取得関連費用を生じさせるアドバイザリーとの取引は助言や指導というサービスを受けたことをもって完了するため，企業結合の取引とは別のものと位置づけています。そうした性質の取引に係る支出は，M&Aの売り手と買い手の間で交換される公正価値に含めるものではないと考えるのです。

② 取得原価に含める取得関連費用の線引きが困難

 2つ目の問題点は，取得原価に取得関連費用をどこまで含めるかの線引きが

困難な点です。

　以前の取扱いでは，社内の人件費をはじめとした間接的に要した支出は費用として計上されていました。企業結合でいう「取得」に関連した費用であるにもかかわらず，直接費ではないために取得原価には含まれないのです。こうした直接費と間接費とで不整合な点を理由として，国際的な会計基準では取得関連費用を一律に費用として取り扱っています。

　また，以前の取扱いの下では，直接費であっても取得原価に含まれる取得関連費用は，対価性が認められるものに限定されていました。M&Aが不成立に終わった場合に，アドバイザリー等への報酬や手数料に対価性がないことは明確です。しかし，M&Aが成立した場合に，取得関連費用のどこまでを取得原価の範囲とするかについては，実務上，議論になるとのコメントが「企業結合会計の見直しに関する論点の整理」に対して寄せられていました。

　これらの問題点を解消するために，パーチェス法を適用するにあたって，取得関連費用は取得原価に含めない取扱いとすることに見直されました。こうして企業結合会計では，他の会計基準や一般的な実務とは異なる取扱いを規定するに至ったのです。

(4)　発生した年度の費用計上

　パーチェス法を適用するにあたって，取得関連費用は，発生した事業年度の費用として処理します。

　M&Aの手法が合併の場合には，個別財務諸表において取得関連費用は費用として計上されます。一方，M&Aの手法が現金を対価とした株式の購入の場合には，個別財務諸表では企業結合会計基準が適用されません。よって，買収された企業が連結子会社に該当するときの連結財務諸表において，取得関連費用が費用として計上されることになります。

　ここで注意すべきは，取得関連費用の費用処理を行う事業年度が，企業結合日の属する事業年度ではなく，それが発生した事業年度である点です。

　例えば，3月末決算企業がX2年4月に株式を現金で購入するM&Aを行っ

たとします。M&Aを実施するにあたって，財務デューディリジェンスがX2年1月に行われ，また，その報告も受けて業務が完了していたとします。

平成25年改正会計基準が適用されるまでは，財務デューディリジェンスに対して支払った報酬は，X2年3月期の個別財務諸表および連結財務諸表では前払金などに計上していました。これが，M&Aが実施されたX3年3月期の個別財務諸表においては株式の取得原価に振り替えられ，また，連結財務諸表においては取得の対価に含められる結果，のれんの金額に反映されていました。

しかし，平成25年改正会計基準では，取得関連費用は発生した事業年度で費用処理するため，X2年3月期の連結財務諸表において費用として計上しなければなりません。ただし，取得関連費用が発生する業務に対して着手金や中間金など業務が完了していない場合の支払いについては，役務がまだ提供されていないため，個別財務諸表や連結財務諸表で前払金や仮払金などの資産として計上する点は従来と変わりません。

このように，取得関連費用を費用として計上する事業年度とM&Aが実施された事業年度とが必ずしも一致するものではない点に留意が必要です。

なお，取得関連費用について，連結財務諸表で発生した連結会計年度の費用として処理した結果，子会社への投資について個別貸借対照表価額と連結貸借対照表価額との間に差異が生じます。この差異は連結固有の一時差異に該当するため，税効果会計の対象として取り扱われます。

(5) 損益計算書における計上区分

企業結合会計基準でいう「取得」に該当するM&Aで生じた取得関連費用は，損益計算書または連結損益計算書で販売費及び一般管理費の区分に計上します。

企業結合会計基準には，取得関連費用の損益計算書における計上区分は示されていません。ただし，日本公認会計士協会から公表されている会計制度委員会報告第8号「連結財務諸表等におけるキャッシュ・フロー計算書の作成に関する実務指針」第8－2項では，支配獲得時に生じた取得関連費用に係るキャッシュ・フローを「営業活動によるキャッシュ・フロー」の区分に記載す

ることが示されています。また,「Ⅲ　設例による解説」の2(1)②「イ．投資と資本の消去：乙社の支配獲得時の取得関連費用の費用処理」において,子会社株式から振り替えている取得関連費用の科目が「支払手数料（販売費及び一般管理費）」と示されています。これらから,取得関連費用は販売費及び一般管理費としての計上が想定されているものと理解できます。

(6)　非連結子会社の取扱い

　企業結合会計の基準や適用指針には,非連結子会社の取得で生じた取得関連費用を費用とするのか,あるいは,取得原価に含めるのかが明記されていません。

　確かに,企業結合でいう「取得」に該当する場合には取得関連費用を費用とすることが明記されていることから,この会計処理は連結子会社かどうかを問わずに適用すべきという考え方もできます。

　しかし,非連結子会社はそもそも重要性がないことから連結対象に含まれていないことを踏まえると,取得関連費用にも重要性がないと推測されます。

　また,国際的な会計基準では,持分法適用会社株式を取得する際に発生する付随費用は取得原価に算入する取扱いとなっています。すると,持分法が適用される非連結子会社に対して,企業結合でいう「取得」に該当することを理由に取得関連費用を費用として計上すると,持分法が適用される関連会社とは取扱いが整合しないことになります。あえて持分法の会計処理の中で関連会社と異なる取扱いとする理由を積極的に見出せません。

　したがって,重要性がないことから実務上の便宜を考慮するとともに,持分法を適用する関連会社と同様の取扱いとするために,非連結子会社の取得で生じた取得関連費用をその取得原価に含める会計処理は容認されるものと考えられます。

　なお,平成25年6月13日に開催された第266回企業会計基準委員会では,いずれの会計処理も認めてはどうかと提案されています。平成25年改正会計基準に反映されていないことから確定した結論ではないものの,審議資料や議事要

旨からは重要性の観点からどちらの会計処理も認める意見が大勢を占めたものと考えられます。

(7) 連結子会社が行うM&Aで注意すべき事項

　取得関連費用は，個別財務諸表と連結財務諸表とでは取扱いが異なります。この点を理解していないと業績開示を行う際に想定外の費用が連結財務諸表上で計上される可能性があるため，注意が必要です。

　連結財務諸表を作成している有価証券報告書提出会社では，連結に関する処理や開示に関する知識を常にブラッシュアップしています。そのため，取得関連費用に関する取扱いの違いを踏まえながら，M&Aを行った後の財務的なシミュレーションを適切に行い得るでしょう。

　一方で，連結子会社がM&Aを手掛けることもあります。連結子会社では，自社の個別財務諸表にしか注意が及ばないことも想定されます。個別財務諸表ではM&Aに要した取得関連費用を子会社株式の取得原価に含めることが適正な会計処理であるため，損益計算書にはインパクトを与えない前提でM&Aを実施する意思決定を行いかねません。

　しかし，連結財務諸表では，取得関連費用は発生した事業年度の費用として取り扱われます。また，取得関連費用は販売費及び一般管理費の区分に計上されることが想定されています。よって，その金額次第では営業利益に大きなインパクトを与えることになります。

　注意したいのが，この取得関連費用は必ずしも買収価格に連動するものではないという点です。例えば，買収対象会社が現金預金を多く有しているほどコンサルタントフィーが増加する契約となっている場合には，買収の規模に比して取得関連費用が多額となることもあるのです。

　このように，取得関連費用が営業利益にどの程度インパクトを与えるかを適切にシミュレーションできていたならば，企業グループとしてM&Aを実施する意思決定を行わなかった可能性もあります。したがって，連結子会社がM&Aを手掛けることが想定される場合には，取得関連費用の個別財務諸表と

連結財務諸表との取扱いの違いを伝達するとともに，M&Aの意思決定にあたっては連結財務諸表へのインパクトも併せて相談・報告するような体制が求められます。

4　条件付取得対価

(1)　アーンアウト条項が用いられる背景

　M&Aの交渉によっては，クロージングの日に買収価格を支払うものの，その後の一定のパフォーマンスによって追加的に支払う条項をM&A契約に盛り込むことがあります。例えば，M&A契約のクロージングの日には8億円を支払う他に，1年後の売上高が一定水準を超えるときには，さらに2億円支払う，というものです。ただし，そのように設定したマイルストーンが達成できなければ，追加的な支払いは発生しません。こうした契約は「アーンアウト（Earn out）条項」と呼ばれます。

　この条項によってM&Aが成立しやすくなる側面があります。特にオーナー系の会社を買収する際に，買収される側の企業の経営陣が描く将来計画が，買収する側の企業が描く将来計画よりも業績が良いことがあります。このときに，買収する側の企業が提示する買収価格でM&Aを成立させようとすると，買収される側の企業のオーナー兼経営陣としては自身が描く将来計画の達成に自信があるにもかかわらず，安い価格で売却に応じることになると思うでしょう。一方，買収される側の企業が提示する買収価格でM&Aを成立させようとすると，買収する側の企業としてはM&A後の実績が計画通りに着地しないと，高い価格で購入しまったと思うはずです。そのため，どちらかの言い分だけを通そうとすると，M&Aの成立が困難になる局面があります。

　このときに，買収契約にアーンアウト条項を盛り込むことによって，双方がメリットを受けられやすくなります。例えば，M&A契約のクロージングの日に買収価格を8億円支払うとし，また，M&Aを実施した後も買収された側の企業の経営陣は変更しないものとします。ここで，1年後の売上高が買収され

る側の企業の提示した計画どおりに実績があがると，買収価格を追加的に２億円支払うというアーンアウト条項をM&A契約に盛り込むのです。

　すると，買収される側の企業のオーナー兼経営陣としては，自らが提示した将来計画に基づき算定される企業価値に相当する買収価格を得ることができます。一方，買収する側の企業としては，提示された将来計画どおりに実績があがると追加的な支払いも含めた買収価格を回収することができます。反対に，実績があがらなければ買収価格を追加的に支払わないで済むため，M&Aが高い買い物にならない結果，投資回収が行えます。このように，アーンアウト条項とは，M&Aの売り手にも買い手にもメリットがある交渉術のひとつといえます。

　ただし，M&Aのクロージング後も買収される側の企業の経営陣が変わらないことから，買収する側の企業が買収される側の企業を主体的にコントロールできない場合があります。その結果として，シナジー効果を得るまでに想定よりも時間を要する，あるいは，シナジー効果が期待した水準で得られないケースも考えられます。

(2) 会計上の取扱い

　M&A契約にアーンアウト条項が付されると，マイルストーンが達成されると買収価格の追加的な支払が生じることになります。一定の条件の下において，取得対価つまり支払対価の額がクロージングの日に支払った金額よりも増えることを意味します。このとき，パーチェス法を適用するにあたって「いくらで」取得したと考えるかが論点となります。

　こうした企業結合契約において定められる企業結合契約締結後の将来の事象または取引の結果に依存して追加的に交付または引き渡される取得対価は，企業会計結合基準では「条件付取得対価」と呼ばれます。つまり，M&A契約のクロージングの日よりも後に，一定のパフォーマンスをもって追加的に支払う部分をいいます。

　この条件付取得対価については，M&A契約のクロージングの日における取

得原価には含めない取扱いとしています。クロージングの日には，その時点での支払対価の額をもって「いくらで」取得したかを決定するのです。よって，条件付取得対価を支払う時点で，別途，会計処理を行います。条件付取得対価の交付または引き渡しが確実となるまでは会計処理を行わない点に留意が必要です。

条件付取得対価の会計処理は，アーンアウト条項に該当するものか否かによって異なります。それは，①アーンアウト条項に該当する「将来の業績に依存する条件付取得対価」か，あるいは，②アーンアウト条項には該当しない「特定の株式または社債の市場価格に依存する条件付取得対価」となります。

①　将来の業績に依存する条件付取得対価

将来の業績に依存する条件付取得対価とは，アーンアウト条項に該当するものを指します。例えば，買収された側の企業が従前の経営陣によって，売上高やEBITDAなどの特定の財務指標を一定期間に達成した場合に，買収価格を追加的に支払う条項がM&Aの契約に付されるケースが該当します。

このケースでは，条件付取得対価の交付や引渡しが確実となり，また，その時価が合理的に決定可能となった時点で，追加的な支払対価を取得原価として認識します。【図表3-3】では追加的な支払対価をいったん未払金として計上しているものの，株式発行時には払込資本へと振り替えます。

また，買収する側の企業が条件付取得対価の分について超過収益力をみとめたともいえるため，のれんまたは負ののれんも追加的に認識します。このときに計上されるのれんまたは負ののれんは，企業結合日時点で認識されたものとして取り扱われます。そのため，企業結合日から条件付取得対価の会計処理を行う時点までの期間にわたる償却額や，追加的に認識したのれんまたは負ののれんに伴う減損損失額は，損益として処理します。

【図表3－3】 将来の業績に依存する条件付取得対価の仕訳イメージ

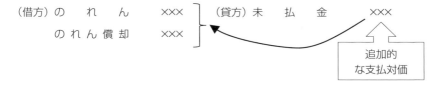

② 特定の株式または社債の市場価格に依存する条件付取得対価

　特定の株式または社債の市場価格に依存する条件付取得対価とは，アーンアウト条項ではなく，損失補てんの性格が強いものを指します。

　M&Aの支払対価の財として，現金ではなく，市場価格のある株式や社債を交付することもあります。これらの価値は市場価格によって変動するため，買収される側の企業の株式を渡す株主としては，現金を支払対価としたM&Aと比較して，自身の資産が時価変動のリスクにさらされることになります。

　そうした状態をある程度解消するために，交付した株式や社債の市場価格がある特定の日や期間において特定の価格を下回るときには，当初合意した買収価格の金額を維持するために，株式や社債を追加して交付する条項をM&A契約に盛り込むことがあります。このような条件付取得対価が，特定の株式または社債の市場価格に依存するケースに該当します。

　このケースでは，買収された側の企業の株主が不利益を被らないように，当初合意された買収価格を維持することが目的とされます。損失補てんの性格が強いことから，取得原価を追加的に認識することによって，のれん，すなわち，超過収益力を追加的に認識する会計処理は適切ではありません。そこで，条件付取得対価の交付や引渡しが確実となり，また，その時価が合理的に決定可能となった時点で，次のように取り扱います。

(a) 追加で交付可能となった条件付取得対価を，その時点の時価に基づき認識する。

(b) 企業結合日現在で交付している株式または社債をその時点の時価に修正

する。

　株式の交付では，まず，(a)に従って，条件付取得対価に係る仕訳の貸方に，追加交付する株式を「資本金」として計上します。その金額は，当初合意した買収価格を維持することから，企業結合日から時価が下落した分となります。

　次に，(b)に従って，条件付取得対価に係る仕訳の貸方に，クロージングの日に交付した株式に時価の下落分を反映させるための「資本金」を計上します。その金額は，株式の時価の下落分となります。

　このように条件付取得対価に係る仕訳の貸借の科目と金額が同じであることから，「仕訳なし」と同様の結果となります。ただし，新株を発行しているため，発行済み株式数が増加している点に注意が必要です。

【図表３－４】　特定の株式の市場価格に依存する条件付取得対価の仕訳イメージ

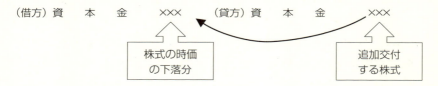

　また，社債の交付では，まず，(a)に従って，条件付取得対価に係る仕訳の貸方に，追加交付する社債が「社債」として額面金額で計上されます。しかし，(a)は時価で認識することが求められているため，社債の額面と時価の差額については仕訳の借方に「社債発行差金」として計上します。この社債発行差金は，将来にわたって規則的に償却していきます。

　次に，(b)に従って，条件付取得対価に係る仕訳の借方には，クロージングの日に交付した社債の時価が下落したことを反映させるための「社債発行差金」を計上します。その金額は，社債の時価の下落分となります。また，このときに生じた社債発行差金についても，将来にわたって規則的に償却していきます。

【図表3-5】 特定の社債の市場価格に依存する条件付取得対価の仕訳イメージ

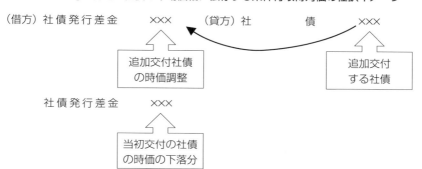

なお，条件付取得対価がある場合には，企業結合等関係の注記として，企業結合契約に規定される条件付取得対価の内容と，当連結会計年度以降の会計処理方針の記載とが求められます。

(3) 日本では少ない適用事例

条件付取得対価がある場合には財務諸表に注記が必要とされることから，その開示状況を分析することによって，上場企業のM&Aの実務にどの程度活用されているかが理解できます。

そこで，条件付取得対価についての開示事例を調査するために，株式会社インターネットディスクロージャーが提供する開示書類の検索サービス「開示Net」を用いました。決算日が2007年3月31日以降かつ2017年1月31日以前に到来した上場企業による有価証券報告書の中から，連結財務諸表の企業結合関連の注記のうち，「取得による企業結合が行われた場合」から「条件付取得対価」をキーワードとして検索した結果から該当するケースを抽出したうえで分析しました。

調査の結果，条件付取得対価に関する開示は，31社36事例となりました。最も古い連結会計年度は2013年12月31日決算であり，また，最も新しい連結会計年度は2016年12月31日決算であったことから，この36事例は4年間で生じた件数となります。上場企業を約3,600社としたときには，年平均で9事例のため，

0.25％しか適用されていない計算となります。もちろん，重要性が乏しいことを理由として連結財務諸表の注記を省略しているケースも考えられるため，実際にはもう少し適用事例が多くなることもあります。しかし，それを考慮したとしても，日本企業のM&Aにおいて頻繁に利用されているという結果にはならないものと推測されます。

　また，買収先の企業は，国内企業が10事例，海外企業が26事例であったことから，クロスボーダーのM&Aでの活用が多いことがわかります。特に海外企業に対するM&Aのように，デューディリジェンスを行うにあたって情報が限定されている場合には，アーンアウト条項を付すことによって想定と異なる事態に備えているものと考えられます。

　さらに，M&Aの手法としては，現金による株式の購入が30事例，事業譲受が5件，株式交換が1件であったことから，支払対価を現金としたものが多いこともわかります。

　このように，日本企業が条件付取得対価を利用しているケースはまだまだ少ないため，現状における実務対応としてはアーンアウト条項という交渉があることを押さえておくことでよいものと考えます。

(4) IFRSとの差異

　条件付取得対価の取扱いは，日本の企業結合会計基準と国際的な会計基準とで異なっています。日本では条件付取得対価の交付または引き渡しが確実となるまでは会計処理を行わないのに対して，国際的な会計基準では取得日において条件付対価を公正価値で測定し，また，その後の公正価値の変動は損益として認識します。

　このように会計基準間の差異があるため，条件付取得対価の取扱いは今後の検討課題のひとつとされています。よって，今後は条件付取得対価の会計処理が変更となる可能性があります。ただし，日本での適用事例が少ないこともあってか，本書の執筆時点においてASBJでの検討が具体的に予定されていません。

第4章 「何を」取得したか（株式のすべてを現金購入するM&A編）

- 取得原価の配分
- 識別可能資産および負債の時価評価
- 企業結合における特定勘定
- 無形資産
- 配分が完了しない場合の暫定的な会計処理
- のれんの計上
- 負ののれんの計上

第4章 「何を」取得したか（株式のすべてを現金購入するM&A編）

1 取得原価の配分

(1) パーチェス・ジャーニー第二幕・後半の概要

パーチェス・ジャーニーの第二幕の後半は，パーチェス法に基づく会計処理の作業，つまり，M&Aで「何を」取得したかの検討です。これは，企業結合会計基準で「取得原価の配分」として示されている取扱いに該当します。この取得原価の配分は，英語表記の頭文字をとって「PPA」（Purchase Price Allocation）とも呼ばれます。

具体的な作業としては，パーチェス法の仕訳を行うために，その科目と金額を検討していきます。科目については，M&Aで受け入れた資産や引き受けた負債のうち，企業結合日時点において識別可能なもの，すなわち，識別可能資産および負債を計上していきます。また，これらの科目についての金額は，パーチェス・ジャーニーの第二幕前半で算定した取得原価から配分していきます。ここでいう配分とは，何かの割合で按分する手続ではなく，識別可能資産や負債を時価評価していく手続を指します。

こうして時価評価された資産と負債があり，また，それらの純額が取得原価よりも小さい場合に生じる差異を「のれん」として，あるいは，大きい場合に生じる差異を「負ののれん」として計上します。

【図表4－1】　パーチェス法の仕訳イメージ

被取得企業の貸借対照表

| 諸資産 | 諸負債 |
| | 純資産 |

時価評価 → ← 時価評価

パーチェス法の仕訳イメージ

諸資産	諸負債
	企業結合における特定勘定
無形資産	
のれん	

識別・評価

識別・評価

差額

比較 ⇔ 子会社株式　取得原価（ただし，取得関連費用を除く）

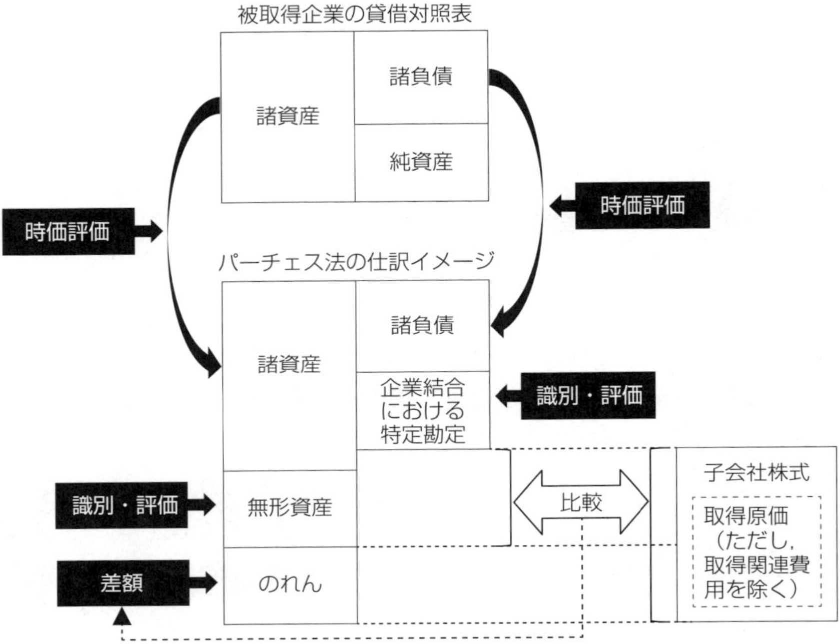

　なお，この取得原価の配分をシンプルに理解するために，本章で相手先企業の株式をすべて現金で購入するM&Aを想定することによって，取得原価の配分に関する論点に焦点を絞って解説していきます。続く第5章では，株式の一部を現金で購入するM&Aを想定することによって，取得原価の配分に関連する論点を説明していきます。

(2)　強弱をつけた手順の絞込み

　企業結合会計基準では，取得原価の配分に関して，次の規定が設けられています。
　①　識別可能資産および負債の時価評価
　②　企業結合における特定勘定

③　無形資産
④　暫定的な会計処理
⑤　のれんまたは負ののれんの計上

こうして5つの規定が挙げられているものの、現状の日本のM&Aの実務では、②はかなり稀です。

また、③の無形資産の計上は増えてきているとはいえ、現状では頻出というほどには発生していません。ただし、買収される側の企業が有するオフブックの無形資産に着目したM&Aでは、その識別と評価が欠かせず、また、識別や評価のための専門家を利用することもあるため、留意が必要です。

④の暫定的な会計処理は、無形資産に関連することが多い状況にあります。頻出してはいないものの、③の無形資産と同様に留意が必要です。

したがって、取得原価の配分では、まずは①識別可能資産および負債の時価評価と、⑤のれんまたは負ののれんの計上について理解しておくことが重要です。

【図表4-2】　パーチェス・ジャーニー第二幕・後半

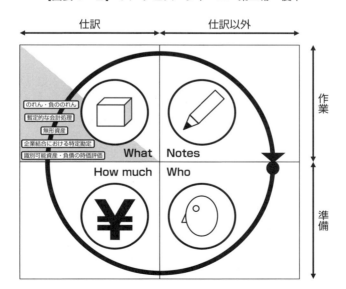

2　識別可能資産および負債の時価評価

(1)　識別可能資産および負債の範囲

　取得原価の配分，すなわち，パーチェス法における仕訳の起票にあたって，識別可能資産および負債についての科目を計上していきます。このときの科目は，企業結合日前における買収された側の企業の貸借対照表に計上されている科目，いわゆるオンブックされた資産や負債に限りません。貸借対照表に計上されていない資産や負債も識別可能資産および負債の範囲に含まれます。それが，取得原価の配分で規定されていた②企業結合における特定勘定と③無形資産です。

　そこでパーチェス法における取得原価の配分の手続では，オンブックされた項目の時価評価を検討するとともに，オンブックされていない項目も識別し評価していきます。

(2)　取得原価の配分にあたっての時価

　識別可能資産および負債の時価評価は，企業結合日時点における時価を基礎として算定されます。しかしながら，実務的には，必ずしもすべての資産や負債が時価評価されるわけではありません。時価の種類によっては算定コストに見合わないことから，簡便的な取扱いとして適正な帳簿価額を基礎とする方法も認められるからです。時価評価を具体的に解説する前に，時価そのものについて理解を深めていきます。

①　市場価格

　時価とは，独立した第三者間で取引を行う際に用いられる公正な評価額を指します。これは，市場価格が観察できるかどうかで取扱いが変わります。

　市場価格を観察できる場合には，その市場価格が時価とされます。例えば上場企業の株価のように，マーケットにおける取引価格の情報が容易に得られる

ケースがあります。このような取引価格は誰もが確認できるため，最も客観的な評価額といえます。よって，通常は，時価といえば観察可能な市場価格に基づく価額を指します。

② 合理的に算定された価額

資産や負債のすべてに，必ずしも市場価格が観察できるわけではありません。むしろ，市場価格を観察できない資産や負債のほうが多いでしょう。その場合には，合理的に算定された価額が時価とされます。

合理的に算定された価額の見積方法には，コスト・アプローチ，マーケット・アプローチ，インカム・アプローチが挙げられます。コスト・アプローチでは，同様の効用や機能のある代替資産を取得する際の再調達原価や複製原価が用いられます。マーケット・アプローチでは，同一の資産や類似する資産の市場価格が利用されます。また，インカム・アプローチでは，将来キャッシュ・フローを割り引いた現在価値によります。資産の特性などに応じて，これらを併用や選択して時価を合理的に算定していきます。

このときに，市場参加者が利用するであろう情報や前提などを基礎とすることが求められます。ただし，それらが入手できなければ，見積りを行う企業が利用できる独自の情報や前提などが基礎とされます。市場価格が観察できないからといって，好き勝手に算定することは許されません。

(3) 具体的な時価評価

買収された側の企業の貸借対照表に計上されている資産や負債には，すでに時価評価されているものもあれば，注記で時価情報が開示されているものもあります。また，貸借対照表価額を算定する過程において時価情報が用いられるものもあります。これらのうち，すでに時価評価されているものは帳簿価額をそのまま利用できます。したがって，貸借対照表価額が時価ではない資産や負債をどう時価評価するかが実務上のポイントとなります。

<例1> 不 動 産
　土地や建物といった不動産は，不動産鑑定評価基準に基づいて算定された鑑定評価額や路線価に基づき算定された金額などによって時価を評価する方法が考えられます。なお，賃貸不動産は，その性質から収益還元法に基づく方法が適切です。
<例2> 長期借入金
　固定利率の長期借入金について時価評価する場合には，元利金の合計額を同様の新規借入で想定される利率によって割り引いた金額を算定する方法が考えられます。
<例3> 社　　債
　社債は，市場価格のあるものは市場価格に基づき時価評価します。また，市場価格のない社債は，元利金の合計額を社債の残存期間および信用リスクを加味した利率で割り引いた現在価値によって時価を評価する方法が考えられます。

　なお，企業結合会計基準では，時価が一義的に定まりにくい資産に対する評価の特例が定められています。例えば，大規模工場用地や近郊が開発されていない郊外地に代表される固定資産がこれに該当します。
　このような資産を時価評価することによって，負ののれんが多額に発生すると見込まれる場合があります。この場合には，負ののれんが発生しない範囲で評価した額を時価とすることができます。なぜなら，M&A契約の交渉の過程でこうした資産を低く評価していたものと考えられるからです。反対に，買収する側の企業が合理的な基礎に基づき評価し，また，それが取得の対価の算定で考慮されている場合には，その評価額を時価とします。

(4)　退職給付に係る負債に関する固有の取扱い

　識別可能資産および負債は企業結合日時点における時価を基礎として取得原価を配分すると説明しました。しかしながら，退職給付に係る負債については企業結合適用指針で固有の取扱いが規定されています。それは，買収する側の

第4章 「何を」取得したか（株式のすべてを現金購入するM&A編）

企業がパーチェス法を適用するにあたって，買収された側の企業における数理計算上の差異や過去勤務費用の未認識項目を引き継ぐことができないとするものです。

退職給付に係る負債は，企業結合日において，受け入れた制度ごとに企業会計基準第26号「退職給付に関する会計基準」に基づいて算定した退職給付債務と年金資産との正味の価額を基礎として取得原価を配分することが企業結合適用指針で求められています。

これによれば退職給付債務は，原則として，企業結合日の計算基礎による数理計算が必要となります。ただし，企業結合日よりも前の時点において買収される側の企業が計算した退職給付債務を基礎として，買収する側の企業が適切に調整して算定した額を用いることも容認されています。なお，買収される側の企業の退職給付制度の改訂が予定されている場合であっても，退職給付債務に関する測定は企業結合日における適切な諸条件に基づいて行います。

一方，年金資産も，企業結合日において，受け入れた制度ごとに企業会計基準第26号「退職給付に関する会計基準」に基づいて算定されます。よって，企業結合日における時価（公正な評価額）により計算するものと考えられます。

このように，退職給付債務と年金資産の正味の価額を基礎として取得原価の配分を行うため，買収された側の企業に未認識項目があったとしても，それを買収する側の企業がパーチェス法を適用する際に引き継ぐことができないのです。

相手先企業の株式のすべてを現金で購入するM&Aのようにパーチェス法が連結財務諸表で適用となる場合には，買収された側の企業の個別財務諸表では未認識項目が残るため，連結財務諸表においてのみ未認識項目が引き継がれないこととなります。これに対して，合併といったM&Aのようにパーチェス法が個別財務諸表から適用となる場合には，個別財務諸表においても未認識項目が引き継げないこととなります。

なお，企業結合によって買収された側の企業の従業員に関する退職一時金や早期割増退職金の支払予定額が取得の対価の算定に反映されている場合に，所

定の要件をすべて満たすときには，後に説明する「企業結合に係る特定勘定」として取得原価の配分の対象となります。

(5) ヘッジ会計に関する固有の取扱い

　識別可能資産および負債は企業結合日時点における時価を基礎として取得原価を配分すると説明しました。しかしながら，ヘッジ会計についても企業結合適用指針で固有の取扱いが規定されています。それは，買収する側の企業がパーチェス法を適用するにあたって，買収された側の企業における繰延ヘッジ損失や繰延ヘッジ利益を引き継ぐことができないとするものです。

　買収された側の企業でヘッジ会計を適用していたとしても，受け入れた金融資産や引き受けた金融負債は，デリバティブを含み，企業会計基準第10号「金融商品に関する会計基準」に従って算定した時価を基礎として取得原価を配分することが企業結合適用指針で求められています。これは，識別可能資産および負債が，企業結合日時点における時価を基礎として評価されるのと同様の取扱いといえます。

　例えば，買収された側の企業において，金利スワップ契約をヘッジ指定することによって繰延ヘッジを適用していた場合を考えます。この場合には，貸借対照表に「金利スワップ」科目が時価評価された金額で計上されるとともに，「繰延ヘッジ損益」科目が反対の符号の金額で計上されています。パーチェス法を適用するにあたっては，時価評価された金利スワップのみで取得原価を配分することとなります。繰延ヘッジ損益は引き継がれないのです。

　とはいえ，これはヘッジ会計の適用を禁止する規定ではありません。そのため，買収する側の企業がヘッジ会計を適用する場合には，企業結合日において，識別したヘッジ対象である金融商品に対して，どのようなデリバティブ取引をヘッジ手段として対応させるかのヘッジ指定を新たに行います。

(6) 簡便的な取扱い

　識別可能資産および負債は取得原価の配分にあたって時価評価する必要があ

るものの，すべての資産や負債にそれを求めると，実務上の負担が過大となりかねません。そこで，次の要件をいずれも満たす場合には，買収された側の企業における適正な帳簿価額を基礎とする簡便的な取扱いが認められています。

要件①	被取得企業が，企業結合日の前日において，一般に公正妥当と認められる企業会計の基準に従って資産および負債の適正な帳簿価額を算定していること

要件①では，非上場企業を買収する場合には注意が必要です。非上場企業では，例えば次のような項目で適切な帳簿価額が算定されていないことがあるからです。

- 減価償却が毎期計画的，規則的に実施されていない
- 貸倒引当金について，特に個別引当が行われていない
- 賞与引当金や退職給付引当金がそもそも計上されていない
- 固定資産の減損が実施されていない
- 税効果会計が適用されていない

これらはパーチェス法の仕訳として，いわゆる連結修正で対応する方法が考えられます。しかし，これらの項目は，M&Aを実施する前の財務デューディリジェンスの結果から把握できます。そこでクロージングの前あるいは後に，買収される側の企業において適切な帳簿価額へとあらかじめ訂正しておくことによって，後工程であるパーチェス法の適用をいたずらに複雑化することを回避できます。

要件②	要件①の帳簿価額と企業結合日の当該資産または負債の時価との差異が重要でないと見込まれること

要件②については，企業会計基準適用指針第19号「金融商品の時価等の開示に関する適用指針」の開示例に示された記載が参考になります。例えば，営業債権や営業債務について短期間で決済されることを理由に帳簿価額が時価に近似しているとする考え方は，帳簿価額と時価との差異が重要でないと見込む根

拠のひとつとして活用できます。

3　企業結合に係る特定勘定

(1)　負債計上が求められる理由

　識別可能資産および負債には，買収される側の企業の財務諸表に計上されていない資産や負債も含まれると説明しました。ここではオンブックされていない負債として，「企業結合に係る特定勘定」を取りあげます。

　M&Aによって他の企業または他の企業を構成する事業に対する支配を獲得した後の期間において，特定の事象に対応して費用または損失の発生が予測されるケースがあります。その発生の可能性が取得の対価の算定に反映されている場合に負債として認識するものを，「企業結合に係る特定勘定」といいます。

　M&Aの中には，企業結合日後に買収される側の企業において特定の事象の発生が予測される場合に，それに対応した費用または損失を取得の対価の算定に反映させる場合があります。この費用や損失は，当期以前の事象ではなく将来の事象に起因して生じるため，一般に公正妥当と認められる企業会計の基準の下では，識別可能な負債とは認識されません。

　しかしながら，その発生の可能性が取得の対価の算定に反映されている場合には，取得の対価がその分だけ減額されているため，買収された側の企業が企業結合日前にその費用または損失を負担したものと考えることができます。これを企業結合日以後の買収する側の企業の業績に反映させずに負債として認識した方が，むしろ，投資原価の回収計算を適切に行うことができます。

　このように，企業結合会計基準によって認識される負債項目が，企業結合に係る特定勘定となります。

(2)　適用状況

　企業結合に係る特定勘定として負債計上する費用または損失として，財務諸表規則ガイドラインでは次のものが例示されています。

- 人員の配置転換や再教育費用
- 割増（一時）退職金
- 訴訟案件等に係る偶発債務
- 工場用地の公害対策や環境整備費用
- 資産の処分に係る費用

　企業結合に係る特定勘定についての開示事例を調査するために，株式会社インターネットディスクロージャーが提供する開示書類の検索サービス「開示Net」を用いました。平成29年2月期までの有価証券報告書を対象として，連結貸借対照表関係の注記の中で「特定勘定」をキーワードとして検索した結果から該当するケースを抽出したうえで分析しました。

　その結果，企業結合に係る特定勘定を連結貸借対照表の注記として記載していた事例は，13社でした。このような開示事例を踏まえると，実務で適用されているケースは少ないと推測されます。もちろん，この結果をもって企業結合に係る特定勘定の検討が不要になるものではありません。

　なお，企業結合に係る特定勘定は，IFRSにはない我が国特有の項目であるため，改正の要否を検討する論点のひとつとされています。ただし，適用事例が少ないことや引当金や偶発債務との取扱いの関係を整理する必要もあることなどから，改正の必要性や適時性が乏しいものとして継続検討課題と取り扱われています。

(3) 会計処理

① 要件判定

　企業結合に係る特定勘定は，一般に公正妥当と認められる企業会計の基準の下では識別されない負債とはいえ，むやみに計上が許された項目ではありません。その計上は，取得後に発生することが予測される特定の事象に対応した費用または損失であること，また，その発生の可能性が取得の対価の算定に反映されていること，の2つを満たしている場合に限られています。

これらの要件の判定は，【図表4-3】に示すチェックリストにまとめました。その判定にあたって，取得の対価の算定に反映されていることが明確であることも含まれています。よって，M&Aの契約書や実施の意思決定の議事録等でそれを確認できなければ，企業結合における特定勘定を計上することができないのです。

　M&Aを実施する部門が経理部門とは別となっている場合には，企業結合に係る特定勘定に関する資料や情報が経理部門に対して十分に共有されない可能性が考えられます。しかし，経理部門としては，企業結合に係る特定勘定の要件を満たすかどうかを判断しなければなりません。そこで，M&Aを実施する部門に対する説明や，必要な資料や情報の提示などに関するコミュニケーションが不可欠です。

第4章 「何を」取得したか（株式のすべてを現金購入するM&A編）

【図表4－3】 企業結合に係る特定勘定の要件判定チェックリスト

	チェック項目	No	Yes
要件1	取得後に発生することが予測される特定の事象に対応した費用または損失であること		
1－1	企業結合日において一般に公正妥当と認められる企業会計の基準（ただし，企業結合に係る特定勘定に適用される基準を除く。）の下で認識される識別可能負債に該当していない	☐ 該当しない	☐ 1－2へ
1－2	企業結合日後に発生することが予測され，かつ，被取得企業に係る特定の事象に対応した費用または損失である	☐ 該当しない	☐ 2－1へ
要件2	発生の可能性が取得の対価の算定に反映されていること		
2－1	特定の事象およびその金額が契約条項等（結合当事企業の合意文書）で明確にされている	☐ 2－2へ	☐ 該当する
2－2	特定の事象が契約条項等で明確にされ，また，その事象に係る金額が取得の対価（株式の交換比率など）の算定にあたり重視された資料に含まれており，さらに，その事象が反映されたことにより取得の対価が減額されていることが取得企業の取締役会議事録等により確認できる	☐ 2－3へ	☐ 該当する
2－3	特定の事象が取得の対価の算定にあたって考慮されていたことが企業結合日現在の事業計画等により明らかであり，かつ，その事象に係る金額が合理的に算定される（ただし，この場合には，のれんが発生しない範囲で評価した額に限る。）	☐ 該当しない	☐ 該当する

② 計　　上

　企業結合に係る特定勘定は，原則として，固定負債に計上します。ただし，認識の対象となった事象が貸借対照表日後1年内に発生することが明らかな場

合にのみ，流動負債に計上します。なお，連結貸借対照表で別掲する金額に該当しない場合には，固定負債または流動負債に「その他」などに含めて表示されます。

　また，その主な内容及び金額を注記することも企業結合適用指針で求められています。相手先企業の株式のすべてを現金で購入するM&Aのようにパーチェス法が連結財務諸表で適用となる場合には，連結貸借対照表に注記します。これに対して，合併といったM&Aのようにパーチェス法が個別財務諸表から適用となる場合には，個別貸借対照表に注記します。

　③　取崩・振替

　企業結合日以後に認識の対象となった特定の事象が発生した事業年度や，その事象が発生しないことが明らかになった事業年度において，企業結合に係る特定勘定を取り崩します。

　特定の事象が発生しないことが明らかになった場合の取崩額は，原則として，特別利益に計上します。重要性が乏しい場合を除き，その内容は連結損益計算書および個別損益計算書に注記します。

　また，企業結合日以後，引当金や未払金といった他の負債としての認識要件を満たした場合には，企業結合に係る特定勘定から他の適当な負債科目への振替が必要になります。これは，企業結合に係る特定勘定が，企業結合に係る「未決算勘定」としての性格が強いためです。

　なお，平成20年改正会計基準では，特定の事象に対応した費用または損失の発生予測に関する規定が「取得後短期間で」から「取得後に」へと変更されました。従来は企業結合適用指針で「企業結合日後5年以内に発生するものである」要件が示されていたところ，平成20年の改正によって期間限度が撤廃されたためです。

4 無形資産

(1) 無形資産を識別する必要性

　識別可能資産および負債には、買収される側の企業の財務諸表に計上されていない資産や負債も含まれると説明しました。ここではオンブックされていない資産として、「無形資産」を取りあげます。

　日本の会計基準では、無形資産の定義が明確に示されていません。そこで無形資産の具体例を理解するために開示事例をみてみると、商標権や特許権といった日本の会計基準でいう無形固定資産に加えて、顧客リストや特定の技術などIFRSで示されている無形資産も計上されています。

　このような無形資産を識別すべき理由は、その無形資産がM&Aにあたって着目していたものであり、また、買収される側の企業でオンブックされていないものであるときには、それをのれんとして計上するのではなく、無形資産として識別・評価することが取得原価の配分の趣旨に沿うからです。また、M&Aの取得対価のうち識別可能資産および負債の純額が多くを占めている場合に、それが多くを占めていないときと比較して、M&Aを行った時点において資金的な裏付けのある資産が多いことから財務的な安心感があります。例えば、買収される側の企業のビジネスモデルが独自の製造機械というキーリソースによって成り立っている場合には、取得の対価は製造機械という換金性のある資産によって裏付けられていると考えられます。

　こうしてパーチェス法の仕訳に無形資産の科目と金額を計上する結果、M&Aによって得たかった資産が、のれんとして一括された超過収益力の金額から明確に区別できるようになります。

(2) 無形資産の識別

① 判断要件

無形資産を識別するための判断要件は，平成20年改正会計基準で見直されています。その第29項では，次のとおり，規定されています。

> 受け入れた資産に法律上の権利など分離して譲渡可能な無形資産が含まれる場合には，当該無形資産は識別可能なものとして取り扱う。

ここで注意すべき点は，「法律上の権利など分離して譲渡可能」として判断する点です。企業会計基準委員会主任研究員による解説によれば，国際的な会計基準の判断要件のように，「法律上の権利」と「分離して譲渡可能」とで別々には判断しません。単に「法律上の権利」に該当するかどうかといった形式的な判断だけではなく，実質的に分離して譲渡可能かどうかを見極めることによって実態に基づいた判断も行います。

そのときの「譲渡可能」とは，M&Aで取得した企業や事業から独立して売却できるものを指します。買収する側の企業に売却の意思があるかではなく，独立した価格が合理的に算定できるかが問われるのです。

また，取得を意図していない無形資産についても，判断要件に照らして実質的に判断していきます。取得を意図していないケースとして，例えば，実際に企業結合以後の事業活動で利用することになる重要な無形資産が含まれていたことが判明している場合や，市場で売却することになる重要な資産が含まれていることが判明しているような場合が考えられます。このような場合でも判断要件を満たす限りは無形資産として識別します。この考え方は，平成20年改正会計基準に関する公開草案に対する「主なコメントの概要とそれらに対する対応」に示されています。

② 無形資産として識別されるケース

無形資産が識別される典型的なケースとして，企業結合会計基準では次のも

のが挙げられています。

> 特定の無形資産に着目して企業結合が行われた場合など，企業結合の目的の1つが特定の無形資産の受入れであり，その無形資産の金額が重要になると見込まれる場合

　このような場合には，無形資産の評価に関して多面的かつ合理的な検討を行ったうえでM&Aを意思決定したと推測されることから，無形資産として取り扱います。

　この他，ソフトウェアや顧客リスト，特許で保護されていない技術，データベース，研究開発活動の途中段階の成果（最終段階にあるものに限らない。）などについても同様に，無形資産として識別することがあります。

　このうち，企業結合により受け入れた研究開発の途中段階の成果については，東京合意に基づきIFRSとのコンバージェンスを推進するため，平成20年改正会計基準において費用処理から資産計上へと変更されています。なお，これが資産計上された場合には，その研究開発が完成するまでは償却を開始しないものとして取り扱われます。

③　識別できないケース

　無形資産として認識できないケースとして，次のものが挙げられます。
- 買収される側の企業の法律上の権利等による裏付けのない超過収益力
- 被取得企業の事業に存在する労働力の相乗効果（リーダーシップやチームワーク）
- コーポレート・ブランド

　これらは，のれんに含まれる（あるいは，負ののれんを減少させる）結果となります。

(3)　開示事例の分析

　取得原価の大部分がのれん以外の無形資産に配分された場合には，①のれん

以外の無形資産に配分された金額，②その主要な種類別の内訳，③全体及び主要な種類別の加重平均償却期間について注記することが求められています。なお，この「無形資産」は，連結財務諸表規則では「無形固定資産」として規定されています。

こうした注記の開示状況を分析することによって，どのような無形資産が識別されたのかが理解できます。そこで，決算日が2007年3月31日以降かつ2017年2月28日以前に到来した上場企業が提出した有価証券報告書の中から，連結財務諸表の企業結合関連の注記のうち，「無形資産」または「無形固定資産」をキーワードとして検索した結果から該当するケースを抽出したうえで分析しました。ただし，無形資産の取扱いに国際的な会計基準との差異があるため，日本基準を採用している企業を対象としています。

その結果は，108社253事例となりました。そこでの開示状況は，【図表4－4】のとおりです。

【図表4－4】 無形資産の開示事例分析

分　　類	主な内訳に記載された事例	事例数	割　合
マーケティング関連無形資産	商標権，商標関連資産，マーケティング関連資産	72	28.5%
顧客関連無形資産	顧客関連資産，受注残高	101	39.9%
芸術関連無形資産	コンテンツ関連資産	1	0.4%
契約に基づく無形資産	ライセンス，土地使用権，契約関連資産	20	7.9%
技術に基づく無形資産	特許権，ソフトウェア，仕掛研究開発費，技術関連資産	47	18.6%
その他	無形固定資産，その他	12	4.7%
計		253	100.0%

この開示事例分析の結果で特徴的な点は，開示されている多くの無形資産が，IFRSにおける無形資産の種類の名称で，あるいは，それに準じた名称で開示されている点です。IFRSでは無形資産を「マーケティング関連無形資産」「顧客関連無形資産」「芸術関連無形資産」「契約に基づく無形資産」「技術に基づ

く無形資産」の種別で規定しています。マーケティングや顧客，契約，技術といった用語は，日本の企業結合会計基準には特段示されていないにもかかわらず，日本基準を採用している企業の開示で用いられているのです。

このことから，実務では国際的な会計基準を参考にしながら無形資産を識別しているものと推測できます。また，無形資産の評価にあたって企業が利用した専門家が，IFRSにおける無形資産の種別を用いて評価結果を提示した影響もあるのではないかとも考えられます。

5　配分が完了しない場合の暫定的な会計処理

(1)　取得原価の配分が完了しない理由

パーチェス法では，「何を」取得したか，つまり，取得原価の配分を行っていくと説明しました。識別可能資産および負債を特定し，また，それらに対して取得原価を配分する作業は，企業結合日以後の決算前に完了していることが求められます。しかしながら，実務面での制約などを考慮すると，その完了が困難な状況も考えられます。特に無形資産を識別するようなM&Aでは，その識別や評価に要する時間も必要なため，取得原価の配分が決算日までに完了しないこともあります。

こうした状況に配慮するために，企業結合会計基準では，パーチェス法を適用するにあたって取得原価を暫定的に配分する会計処理を容認しています。この暫定的な会計処理とは，企業結合日以後の決算の時点で取得原価の配分が完了していなかった場合に，その時点で入手可能な合理的な情報などに基づいて取得原価の配分を暫定的に行う会計処理をいいます。

暫定的な会計処理を適用した場合には，その後，追加的に入手した情報などに基づき配分額を確定させる必要があります。また，その確定は，企業結合日以後1年以内に行わなければなりません。さらに，暫定的な会計処理を行うときにも，それを見直し確定させたときにも所定の注記が求められます。

とはいえ実務において，暫定的な会計処理はそう頻繁に行われていません。

暫定的な会計処理の適用状況を理解するために，この注記を分析しました。決算日が2007年3月31日以降かつ2017年2月28日以前に到来した上場企業が提出した有価証券報告書の中から，連結財務諸表の企業結合関連の注記のうち，「配分」をキーワードとして検索した結果から暫定的な会計処理の確定に伴って取得原価の当初配分額に重要な見直しがなされたケースを抽出しています。このとき，暫定的な会計処理の取扱いに国際的な会計基準との差異があることから，日本基準を採用している企業を対象としています。

調査の結果，取得原価の当初配分額に重要な見直しがなされたケースは，47社52事例ありました。当初ののれんの金額から切り出された資産としては，無形資産が件数としても金額としても目立っています。今後，無形資産を識別するM&Aが増えていくと，この暫定的な会計処理を行う事例も増えていくものと考えられます。

(2) 対象となる項目

① 原則的な取扱い

企業結合適用指針では，暫定的な会計処理が認められる項目について，次のとおり規定しています。

> よって，暫定的な会計処理が認められる項目とは，原則として，識別可能資産及び負債の企業結合日における時価と被取得企業の適正な帳簿価額が大きく異なることが想定され，その時価の算定に時間を要するものに限られると考えた。

この記載から，①時価と簿価との乖離想定と，②長期間にわたる時価算定，という2つの要件が読み取れます。

1つ目の要件である「時価と簿価との乖離想定」とは，識別可能資産および負債について，企業結合日における時価と買収される側における適正な簿価とが大きく異なると想定される項目であることです。なぜなら，これとは反対に，

第4章 「何を」取得したか（株式のすべてを現金購入するM&A編）

時価と簿価が大きく異ならないと想定される場合には，取得原価の配分にあたっての簡便的な取扱いを適用できるからです。簡便的な取扱いによって適正な帳簿価額を基礎としてパーチェス法を適用できるため，取得原価の配分が困難となる理由がありません。したがって，暫定的な会計処理の対象となる項目には，時価と簿価とが大きく異なると想定される状況が求められます。

　２つ目の要件である「長期間にわたる時価算定」とは，識別可能資産および負債についての企業結合日における時価の算定にあたって時間を要する項目であることです。そもそも暫定的な会計処理は，本来は企業結合日以後の決算前に取得原価の配分作業を完了すべきところ，その完了が実務で困難な状況に限って容認されているものです。加えて，暫定的な会計処理を行ったときには，その旨と理由を注記させることによって，財務報告の利用者にその適否を判断させています。これらを踏まえると，取得原価の配分の困難さは，最善の努力を尽くしていないようなレベルではなく，相当程度に困難であることが必要とされています。そこで企業結合適用指針では，識別可能な資産および負債の時価を算定するために時間を要するという物理的な理由が挙げられています。

　このように，暫定的な会計処理を適用するのは，実務上，取得原価の配分額の算定が困難な項目に限られています。具体的には，繰延税金資産や繰延税金負債のほか，土地，無形資産，偶発債務に係る引当金などが挙げられます。開示事例の分析では，無形資産が件数としても金額としても多い結果となっています。

② 容認される取扱い

　買収された側の企業から受け入れた資産および引き受けた負債のすべてを暫定的な会計処理の対象とすることが容認される場合があります。例えば，企業結合日から決算日までの期間がタイトなため，決算までに取得原価の配分が完了しない場合です。この場合には，取得原価の配分額の算定が困難な項目に限ることなく，すべての項目で暫定的な会計処理が行えます。

　この場合でも，配分する作業が完了した時点で初めて会計処理を行うのでは

ありません。その年度決算の時点で入手可能な合理的な情報などに基づき暫定的な会計処理を行う必要があります。

③ 対象とならない項目

企業結合に係る特定勘定は、取得の対価に反映されている場合を前提として計上されるため、すでにその時価が算定されています。取得原価の配分に時間を要する状況にないことから、暫定的な会計処理の対象とはなりません。

(3) 暫定的な会計処理の確定処理

① 平成25年改正会計基準による取扱い

平成25年改正会計基準によって、暫定的な会計処理の確定が企業結合年度ではなく企業結合年度の翌年度において行われた場合には、企業結合年度に確定が行われたかのように会計処理を行うことが求められています。これに伴い、企業結合日におけるのれんまたは負ののれんの額も取得原価が再配分されたものとして会計処理を行います。

② 改正に至った背景

企業結合会計基準では、取得原価の配分は企業結合日後1年以内に行わなければなりません。そのため、暫定的な会計処理は、その後追加的に入手した情報などに基づき、企業結合日後1年以内に確定させる必要があります。

このとき、取得原価の配分を暫定的に行った会計年度とそれを確定させた会計年度が異なる場合に、どのように取り扱うかが論点となります。仮に、企業結合が生じたものの取得原価の配分について暫定的な会計年度を行った会計年度をX1年、その確定処理を行った翌年度をX2年とします。

平成20年改正会計基準までは、X1年の財務諸表がすでに確定していることから、X1年の財務諸表を修正することなく、X2年の財務諸表で確定処理に伴う損益の影響額を「前期損益修正」として特別損失に計上していました。確

かに，このような修正はＸ２年に入手した情報などに基づく確定処理によって生じているため，Ｘ２年に会計処理すべきとする見解もあるでしょう。

しかし，確定処理によって修正される対象は，企業結合日時点の情報です。これは修正後発事象に類似したものと整理できるため，本来的には企業結合日に遡及して反映させることが適切です。また，平成21年12月に公表された企業会計基準第24号「会計上の変更及び誤謬の訂正に関する会計基準」に照らすと，Ｘ１の財務諸表がすでに確定しているという根拠を重視するよりも，企業結合日に遡及して確定処理を反映させるほうが比較情報の有用性を高められます。

そこで，平成25年改正会計基準では，暫定的な会計処理の確定がＸ１年ではなくＸ２年に行われた場合には，Ｘ１年に確定が行われたかのように会計処理を行うこととされました。

③　年度決算における確定の表示

金融商品取引法に基づく有価証券報告書の財務諸表で比較情報としてＸ１年の財務諸表を表示するときには，Ｘ１年の財務諸表に暫定的な会計処理の確定による取得原価の配分額の見直しを反映させることとしています。国際的な会計基準と同様に，比較情報の有用性を高める観点から，Ｘ１年に確定が行われたかのように会計処理を行うとともに，それに基づく表示が求められます。

この暫定的な会計処理の確定は，「会計上の変更及び誤謬の訂正に関する会計基準」が定める誤謬ではなく，また，会計上の見積りの変更にも該当しません。そのため，この比較情報の修正は，訂正報告書を提出することなく直接修正することになります。

一方，会社法に基づく計算書類等でＸ２年のみの表示が行われる場合には，株主資本等変動計算書の期首残高に対する影響額を区分表示するとともに，その影響額を反映した後の期首残高を記載します。

また，開示対象期間の１株当たり当期純利益および潜在株式調整後１株当たり当期純利益についても，確定処理による見直しが反映された後の金額によって算定します。

④ 四半期決算における確定の表示

　暫定的な会計処理の確定は，年度決算の期末日を超えて行われる場合の他に，四半期決算の期末日を超えて行われる場合もあります。四半期決算においても，年度決算と同様に，企業結合日の属する四半期会計期間に暫定的な会計処理の確定による取得原価の配分額の見直しを反映させます。企業結合日の属する四半期会計期間に確定が行われたかのように会計処理を行うとともに，それに基づく表示が求められます。

　このとき，開示対象期間の1株当たり四半期純利益および潜在株式調整後1株当たり四半期純利益についても，確定処理による見直しが反映された後の金額によって算定します。

(4) 必要となる注記

① 暫定的な会計処理を行った場合の注記

　企業結合会計基準では，取得原価の配分が完了していない場合に，その旨およびその理由の注記を求めています。それを受けて，連結財務諸表規則にも同様の注記を求める規定が設けられています。

　なお，繰延税金資産および繰延税金負債に対して暫定的な会計処理を行った場合には，税効果会計関係の注記のうち「繰延税金資産及び繰延税金負債の発生原因別の主な内訳」にあわせて記載することができます。

② 暫定的な会計処理を確定した場合の注記

　企業結合会計基準では，企業結合年度の翌年度において，暫定的な会計処理の確定に伴い取得原価の当初配分額に重要な見直しがなされた場合には，その見直しがなされた事業年度において，見直しの内容および金額の注記を求めています。それを受けて，連結財務諸表規則にも同様の注記を求める規定が設けられています。

これに対して，企業結合年度内に暫定的な会計処理を行うとともに，その確定処理に至った場合も考えられます。ある四半期会計期間にM&Aを行ったときに，その四半期決算の時点では暫定的な会計処理を行ったものの，年度末に確定処理が行われたケースです。ここで参考になるのが，企業結合会計基準における次の記載です。

> 暫定的な会計処理の確定による取得原価の配分額の重要な見直しが行われた場合，のれんや受け入れた資産，引き受けた負債の金額に重要な変動が生じることとなり，公表済みの前年度の財務諸表（四半期財務諸表を含む。）との関係でどのような見直しが行われたかの情報は有用であることから，重要な見直しが行われた場合には，その見直しの内容及び金額の注記を求めることとした。

ここに，「公表済みの前年度の財務諸表（四半期財務諸表を含む。）との関係でどのような見直しが行われたかの情報は有用である」との見解が示されています。前年度の四半期財務諸表との関係が示されているものの，当年度の四半期財務諸表から当期末の財務諸表へとどのように見直されたかの情報も同様に有用であると考えられます。企業結合年度内に暫定的な会計処理を行いながらも年度末には確定処理に至った場合には確定処理に基づく一連の注記が行われます。そのため，公表済みの当期に係る四半期財務諸表の注記と照らすことによって，どのような見直しが行われたかを理解することができます。

また，四半期財務諸表の注記との整合性を考慮すると，当連結会計年度末において取得原価の確定および配分を完了している旨を注記することは，見直しが行われたことをアナウンスする効果があると考えられます。実際，こうした旨を注記している事例があります。

(5) 繰延税金資産・繰延税金負債への取得原価の配分額の確定

繰延税金資産および繰延税金負債に対しても暫定的な会計処理が行われるケースがあります。このケースは，①識別可能資産および負債に連動した暫定

的な会計処理と，②税効果会計に固有の暫定的な会計処理の２通りです。

① 識別可能資産および負債に連動した暫定的な会計処理

　暫定的な会計処理が行われていた識別可能資産または負債が確定した場合には，企業結合日に遡及して確定処理を反映させると説明しました。この暫定的な会計処理が確定したことによって識別可能資産および負債への取得原価の配分額を見直した場合には，繰延税金資産および繰延税金負債についても取得原価の配分額を見直します。

　例えば，企業結合日にはまだ無形資産の特定と評価が完了していないために暫定的な会計処理としていたとします。その無形資産の評価が確定したときには，それに伴い繰延税金負債の計上額も見直します。

　このように識別可能資産および負債に対する暫定的な会計処理が確定したことに連動して，繰延税金資産または繰延税金負債の計上額が見直される場合があります。この場合には，識別可能資産および負債と同様に，企業結合年日に確定が行われたかのように繰延税金資産および繰延税金負債への取得原価の配分額を見直します。

② 税効果会計に固有の暫定的な会計処理

　繰延税金資産および繰延税金負債に対する暫定的な会計処理は，識別可能資産および負債に連動したものだけではなく，税効果会計に固有のものもあります。

　これに該当する場合として，将来年度の一時差異等加減算前課税所得の見積りを変更したことなどを理由に繰延税金資産の回収見込額を見直した場合に，企業結合日に遡及して繰延税金資産への取得原価の配分額を見直すケースが挙げられます。ここでは，税効果会計を除き識別可能資産および負債はすべて特定され，かつ，評価されています。それにもかかわらず，十分な情報がないことから一時差異等加減算前課税所得の見積りの精度が高くないために，税効果会計について暫定的な会計処理を適用するものです。

第4章 「何を」取得したか（株式のすべてを現金購入するM&A編）

したがって，このケースでは，企業結合日も含めて繰延税金資産の回収見込額の見直しが確定する年度決算や四半期決算までは暫定的な会計処理として取り扱います。ただし，安易に暫定的な会計処理が適用されないように，この適用は次のいずれかに該当する場合に限られています。

限定1	見直しの内容が明らかに企業結合年度における繰延税金資産の回収見込額の見直しと考えられる場合

　繰延税金資産の回収可能額を見直す内容が，明らかに企業結合年度における見直しと考えられる場合には，企業結合日に遡及して取得原価の配分額を見直すことは適正な会計処理となります。よって，企業結合年度の翌年度における繰延税金資産の回収可能見込額の見直しによるものは，暫定的な会計処理を適用できません。

限定2	企業結合日に存在していた事実および状況に関して，その後追加的に入手した情報などに基づき繰延税金資産の回収見込額の見直しを行う場合

　企業結合日が決算の直前となる場合，入手しうる情報が限られていることもあるため，その時点で取得した事業についての合理的な見積りが困難なケースも考えられます。そこで，企業結合日後に追加的に入手した，企業結合日に存在していた事実や状況に基づき繰延税金資産の回収見込額を見直すときには，企業結合日における繰延税金資産負債への取得原価の配分額を見直すことが適当です。

　注意すべきは，追加的に入手した情報等が，企業結合日に存在していた事実や状況であるかどうか，という点です。企業結合日という時点がポイントになります。したがって，企業結合日後に新たに発生した事象に起因する情報に基づき繰延税金資産の回収可能額を見直す場合には，暫定的な会計処理の対象にはなりません。

6 のれんの計上

(1) 会計処理

① 金額の算定

　取得原価の配分の最終段階として，のれんまたは負ののれんの計上があります。取得原価としての支払対価総額と，買収された側の企業から受け入れた資産および引き受けた負債に配分された純額との間に生じた差額を処理する科目が，のれんまたは負ののれんです。したがって，これらは独立した資産ではなく，取得原価に配分されなかった残余を表します。

　パーチェス・ジャーニーの第二幕前半では，M&Aで獲得した企業や事業に対する取得原価を算定しました。また，第二幕後半では，これまでの検討によって，M&Aによって受け入れた資産や引き受けた負債が，識別可能資産および負債，企業結合における特定勘定，無形資産として識別し評価されています。

　取得原価の配分の最終段階で，算定された取得原価が，受け入れた資産および引き受けた負債の純額を上回る場合には，その超過額を「のれん」として計上します。こうしてパーチェス法の仕訳が完成します。なお，下回る場合については，この後の「7　負ののれんの計上」で取り扱います。

　なお，海外企業に対するM&Aによって生じたのれんについては，在外子会社となった企業の財務諸表項目が外国通貨で表示されている場合，その外国通貨で把握し，また，決算日の為替相場によって換算します。

② 計上区分と償却処理

　のれんは，無形固定資産として計上します。ただし，のれんの金額に重要性が乏しい場合には，費用処理することもできます。

　無形固定資産として計上した後は，規則的に償却していきます。その当期償

却額は，販売費及び一般管理費の区分に計上します。海外企業に対するM&Aによって生じたのれんの償却費は，その在外子会社の他の費用と同様に換算します。

のれんを償却するにあたっては，償却方法と償却期間を決定しなければなりません。企業結合ごとにのれんの発生原因が異なるため，これらは企業結合ごとに決定します。償却方法と償却期間について，これから順に解説していきます。

なお，のれんの償却開始時期は，企業結合日となります。現金で株式を購入するM&Aの場合には，その取得日となります。

③ 注　記

のれんを計上した場合には，取得原価の配分に関する事項として，a．発生したのれんの金額，b．発生原因，c．償却方法，および，d．償却期間を注記しなければなりません。なお，注記の仕方については，第6章で取り扱います。

(2) 償却方法

企業結合会計基準では，「定額法その他の合理的な方法」によることが求められています。実務上は，定額法が採用されています。2015年1月にASBJが公表したリサーチ・ペーパー第1号「のれんの償却」によれば，調査した範囲において他の方法を使用していた企業は実質的になかったと報告されています。

のれんを規則的に償却する方法が採用された理由として，M&A後の収益が営業収益に計上されるため，のれんを含む投資原価の償却分も営業費用に計上することによって投資原価の回収状況を営業損益として表示することが挙げられます。

有形固定資産の場合には，その利用で得られる収益や利益に対応する消費パターンに応じて定額法や定率法などを採用できる状況にあります。しかし，のれんの場合には，そもそものれんが独立した資産ではなく配分差額でしかない

ため，M&Aで獲得した企業や企業を構成する事業で得られる収益や利益を合理的に予測できたとしても，のれんだけの消費パターンを把握することは困難でしょう。償却期間中の会計年度ごとに償却費の金額が異なる，すなわち，のれんの消費パターンが平準していないことを合理的に説明することが難しいため，定額法以外の償却方法が採用されていないものと考えられます。

(3) 償却期間

① 考え方

企業結合適用指針では，一般に，償却の基礎となる資産の有効期間は，売却による回収額と利用による回収額が等しくなると考えられる時点までの期間であるといいます。これに照らすと，のれんの償却期間は，のれんの価値が消滅するまでの期間になります。実務上は，企業結合の対価の算定の基礎とした投資の合理的な回収期間を参考にできると示されています。

実務の参考になるものとして，2017年2月20日に一般社団法人日本経済団体連合会の金融・資本市場委員会企業会計部会から公表された「のれんの会計処理に関するアンケート結果の整理」が挙げられます。これには，のれんの償却年数の見積りについて「企業結合の投資の予想回収期間」「企業結合のシナジーが及ぶと予想する期間」を踏まえて判断している企業が多かったと報告されています。また，「関連する無形資産の耐用年数」を考慮している企業や，のれんの効果の及ぶ期間に生じるリスク（将来の不確実性）を加味している企業もあったとも報告されています。

② 事例分析

のれんの償却期間は注記が必要と説明しました。そこで，償却期間について開示事例を調査しました。決算日が2007年3月31日以降かつ2016年3月31日以前に到来した上場企業が提出した有価証券報告書を対象として，連結財務諸表の企業結合関連の注記の「取得による企業結合が行われた場合」から，正のの

第4章 「何を」取得したか（株式のすべてを現金購入するM&A編）

れんが注記された364件を分析しました。

調査の結果は,【図表4－5】に示すとおりです。のれんの償却期間として最も多かったのは5年（125件, 構成比34.3%）, 次に10年（83件, 構成比22.8%）, 3番目に20年（43件, 11.8%）でした。この3つの年数を用いた事例の数は, 全体の3分の2を超えています。

【図表4－5】 のれんの償却年数の開示事例分析

償却年数	件　数	割　合
1年	22	6.0%
2年	0	0.0%
3年	8	2.2%
4年	5	1.4%
5年	125	34.3%
6年	5	1.4%
7年	17	4.6%
8年	11	3.0%
9年	6	1.6%
10年	83	22.8%
11年	1	0.3%
12年	1	0.3%
13年	3	0.8%
14年	1	0.3%
15年	19	5.2%
16年	2	0.6%
17年	2	0.6%
18年	1	0.3%
19年	0	0.0%
20年	43	11.8%
不明	7	1.9%
未確定	2	0.6%
計	364	100.0%

償却期間を 5 年とした事例が多かった理由として，投資の合理的な回収期間として用いられやすいことなどが考えられます。

　また，償却期間を10年とした事例については，「のれんの会計処理に関するアンケート結果の整理」で紹介されているように，将来キャッシュ・フローの予想期間として10年が適当あるいは限度としている企業があることの他に，社内規定で原則10年と設定している企業があることなどが考えられます。

　さらに，20年については，大型のM&Aでは投資，見積期間が20年以上に及ぶ場合があることや業種の特性から投資回収が20年以上となることなどから，企業結合会計基準で定める最長期間が用いられたものと考えられます。

③　全額費用処理も特別損失計上も不可

　無形固定資産に計上されたのれんは，その後，規則的に償却していきます。そのため，のれんの金額に重要性が乏しい場合を除き，その全額を企業結合日に費用処理することはできません。また，その償却費は販売費及び一般管理費として計上します。減損処理以外の事由で特別損失に計上することもできません。このように会計上は，のれんを企業結合日に全額費用処理することも，また，特別損失に計上することも想定していないのです。

　こうした考え方が明記されたのは，平成17年 1 月28日にASBJから公表された「『企業結合会計基準及び事業分離当会計基準に関する適用指針』の検討状況の整理」に対する財務諸表作成者サイドからの意見が発端となっています。それは，企業結合に伴って発生するのれんを発生時に一括償却し，かつ，その償却額を特別損失に計上する会計処理を認めるべきとする意見です。その根拠は，のれんの効果の及ぶ期間について合理的な算定が困難なことでした。確かに，のれんを一括償却すれば，償却期間に対する恣意性は排除できます。資産の裏付けがないのれんが計上されない結果，貸借対照表の健全性が早期に確保されるため，保守主義にも適っていると考えるかもしれません。

　しかし，企業結合日にのれんの全額を費用とすることは，のれんの価値が消滅したものとして取り扱う会計処理といえます。減損処理を行ったかのような

取扱いでは，何かしらの価値を見出したからこそM&Aでのれんを支払った実態と整合しません。こうして貸借対照表からのれんを計上させない会計処理は，保守主義ではなく，むしろ過度の保守主義となります。

また，合理的な見積りを必要とする会計処理は引当金や固定資産の減損，税効果会計など多数あります。加えて，償却期間の算定が困難なのは，有形固定資産の耐用年数も同様です。他の会計処理に照らすと，のれんだけをことさら見積りが困難と取り扱うことはできません。

さらに，のれんを減損処理以外の事由で企業結合日に全額費用処理すると，のれんの償却費がその後計上されないことになります。減損処理ではないため本来はのれんの効果が及ぶところ，その後の会計期間ではM&Aの投資原価がないものとして営業損益が算定しますのです。M&Aの成否を表さない財務数値は財務諸表の利用者にとって有用な情報とは考えられません。

こうした理由から，のれんを企業結合日に全額費用処理することも，それを特別損失に計上することも適当ではないと考えられています。

なお，のれんの効果の及ぶ期間を合理的に見積った結果として，のれんの償却額が企業結合年度に全額計上される場合にも，販売費及び一般管理費の区分に計上します。その場合であっても，企業結合年度の営業収益でのれんにあたる無形価値への投資原価の回収が期待されていることから，のれんを含む投資原価の償却分を営業費用に計上することによって投資原価の回収状況を営業損益として表示することが適切だからです。したがって，この場合ののれんの償却額も特別損失に計上することはできません。

④ 重要性が乏しい場合の取扱い

のれんの重要性が乏しい場合には，その全額を費用処理することができます。そのときの費用は，販売費及び一般管理費の区分で計上します。

(4) 税効果会計の取扱い

① のれん

のれんに対しては税効果を認識しません。

仮に税効果を認識すると繰延税金負債が計上される結果，のれんは取得原価の配分残余という性格上，繰延税金負債が計上された分だけ増加します。すると，その増加分ののれんに対して繰延税金負債を計上していくといった無限ループに入ってしまいます。そのため，税効果を認識しないものとして取り扱われます。

なお，平成18年税制改正によって，非適格合併等における資産調整勘定または差額負債調整勘定に関する規定が定められています。これによって認識される，いわゆる税務上ののれんを一時差異として取り扱うため，繰延税金負債が計上されます。これも取得原価の配分に含めたうえで，会計上ののれんを算定していきます。ただし，相手先企業の株式のすべてを現金で購入するM&Aにはこの規定が適用されないため，特に考慮する必要はありません。

② のれんの償却費

相手先企業の株式のすべてを現金で購入するM&Aによって連結財務諸表に計上されたのれんの償却費は，法定実効税率と税金等調整前当期純利益に対する法人税等の比率との間における差異，いわゆる税率差異に該当します。のれんの償却費が計上されても，それが課税所得を引き下げる効果を持っていないからです。そこで，税効果会計に関する税率差異の注記において，法定実効税率に対する調整項目にのれん償却費の影響を加えることになります。

この取扱いは，のれんから生じた減損損失についても同様です。

7 負ののれんの計上

(1) 会計処理

① 金額の算定

　取得原価の配分の最終段階で，算定された取得原価が，受け入れた資産および引き受けた負債の純額を下回る場合には，その下回る額を「負ののれん」として利益計上します。ただし，利益計上は，次の2点を見直しても，なお取得原価が受け入れた資産および引き受けた負債の純額を下回る場合に限られます。

見直し1	企業結合における特定勘定を含む，すべての識別可能資産および負債が把握されているか

　この見直し1では，パーチェス法の仕訳科目としての網羅性を求めています。本来は識別可能であるにもかかわらず計上されていない資産や負債があると，のれんまたは負ののれんの金額に影響を与えるからです。

見直し2	識別可能資産および負債に対する取得原価の配分が適切に行われているかどうか

　この見直し2では，パーチェス法の仕訳科目についての金額について，適切に評価されていることを求めています。本章の「2．識別可能資産および負債の時価評価 (6) 簡便的な取扱い」の要件①で掲げた項目などを参考にしながら，適切な計上や評価が行われていることを確認します。

　これらの見直しの結果，「負ののれん」が計上されると，パーチェス法の仕訳が完成します。ただし，取得原価が受け入れた資産および引き受けた負債に配分された純額を下回る額に重要性が乏しい場合には，この見直しを行うことなく，利益計上できます。

　また，負ののれんは，のれんと同様に，税効果を認識しません。

② 計上区分

負ののれんは，特別利益として計上します。

③ 注　　記

負ののれんを計上した場合には，取得原価の配分に関する事項として，a．負ののれん発生益の金額，およびb．発生原因を注記しなければなりません。なお，注記の仕方については，第6章で取り扱います。

(2) 改正の背景

　平成20年改正会計基準によって，このように「負ののれん」を利益として処理する方法へと変更されました。この変更は，東京合意に基づきIFRSとのコンバージェンスを推進する一環として見直された項目です。これによって，正の値であるのれんと対称的である，規則的な償却を行う従来の方法から変更されたのです。

　規則的な償却を行う方法ではないとすると，想定される負ののれんの発生原因を特定したうえで，その発生原因に対応した会計処理を行う方法が考えられます。この方法を検討するにあたって，パーチェス法の適用における取得原価の配分で識別可能資産および負債に漏れがなく，また，それらが適切に評価されている状況を前提としました。そうした前提のもとでは，負ののれんは識別不能な項目が原因で発生したと取り扱わざるを得ません。あるいは，実施したM&Aで本来の企業価値よりも安く取得できた，いわゆるバーゲン・パーチェスが原因であるかのいずれかです。異常かつ発生可能性が低い原因によって負ののれんが生じているため，異常利益として会計処理することに変更されました。このような性格のため，負ののれんを利益計上することに対して，企業結合会計基準では慎重な検討を求めています。

　また，負ののれんを利益計上した場合には，異常利益が生じたことを意味することになるため，パーチェス法における取得原価の配分の時価評価を適切に

第4章 「何を」取得したか（株式のすべてを現金購入するM&A編）

行うことを促す効果もあります。

第5章 「何を」取得したか（株式の一部を現金購入するM&A編）

- 取得原価の配分に派生した論点
- 非支配株主持分の測定
- 段階取得の会計処理
- 持分法による投資評価額に含まれていたのれんの未償却残高
- 非支配株主からの追加取得

第5章 「何を」取得したか（株式の一部を現金購入するM&A編）

1 取得原価の配分に派生した論点

(1) パーチェス・ジャーニー第二幕・後半の概要

パーチェス・ジャーニーの第二幕の後半では，M&Aで「何を」取得したかという取得原価の配分について検討していきました。その論点に焦点を絞るために，第5章では相手先企業の株式をすべて現金で購入するM&Aを想定していました。

確かに，株式を現金で購入するM&Aの中では，議決権を有していなかった状態から完全子会社化するケースが多いものの，実務ではそれ以外もあります。そのときに関連して押さえておくべき論点があります。

そこで本章では，株式の一部を現金で購入するM&Aを想定することによって，取得原価の配分に関連する論点を説明していきます。

【図表5－1】 パーチェス・ジャーニー第二幕・後半

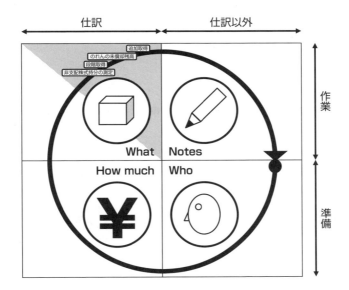

(2)　4つの会計上の論点

議決権を有していなかった状態から完全子会社化するM&Aを除いたときに，有価証券の保有目的区分に従えば，【図表5-2】のとおり，6つのパターンが挙げられます。また，これらには4つの会計上の論点があります。

【図表5-2】株式購入のパターンと会計上の論点

ケース	M&A		会計上の論点			
	前の状態	後の状態	非支配株主持分の測定	段階取得	のれんの未償却残高	追加取得
（第4章）	ゼロ	子会社株式（完全子会社）	-	-	-	-
①	ゼロ	子会社株式（非完全子会社）	●	-	-	-
②	その他有価証券	子会社株式（完全子会社）	-	●	-	-
③	その他有価証券	子会社株式（非完全子会社）	●	●	-	-
④	関連会社株式	子会社株式（完全子会社）	-	●	●	-
⑤	関連会社株式	子会社株式（非完全子会社）	●	●	●	-
⑥	子会社株式（非完全子会社）	子会社株式（完全子会社or非完全子会社）	●	●	●	●

ケース①	ゼロから子会社株式（非完全子会社）となる場合

　これは，相手先企業の株式をまったく所有しておらずに支配関係も影響力もなかった状況において，発行済株式のうち議決権のある株式を50%超となる水準で一時に購入することによって相手先企業を子会社化するケースです。

　オーナー経営や同族経営の非上場企業に対してM&Aを行う場合に，経営者および経営者一族がその企業の株式をすべて所有しているならば，議決権のあ

る株式を100％購入しやすい状況にあります。しかし，株式の一部が従業員や同族以外の役員，取引先などによって所有されているときには，子会社化できる水準で株式を購入することはできても，一時に完全子会社化できないケースもあります。また，過去にM&Aが行われた結果として相手先企業を支配している企業やファンドなどが株主として存在している場合に，M&Aの交渉相手が議決権のある株式を100％所有していないことがあるため，クロージングの対象となる株式が，交渉相手の所有している株式だけとなります。ましてや上場企業に対してM&Aを行う場合には，株主数が極めて多数となるため，すべての株式を一時に購入することは相当困難と考えられます。このように，M&Aでは必ずしも相手先企業の議決権のある株式を100％購入できないこともあるのです。

議決権のある株式を50％超100％未満で購入するM&Aによって相手先企業を子会社化した場合，完全な支配関係には至っていないことから，当社グループ以外の株主，すなわち，非支配株主が存在します。会計上は，この非支配株主持分をどのように測定するかが論点となります。

ケース②	その他有価証券から子会社株式（完全子会社）へ

これは，相手先企業の株式をすでに所有していたものの支配関係も影響力もなかった状況において，発行済株式のうち議決権のある株式の残りをすべて一時に購入することによって相手先企業を完全に支配するケースです。例えば，当初は資本提携の形で株式を保有していた相手先企業について，その後，株式を買い増しすることによって子会社化する場合が挙げられます。

株式の購入によって相手先企業を子会社化するM&Aでは，支配を獲得できる水準の株式を一時に購入するケースもあれば，段階的に購入するケースもあります。このように，取得が複数の取引により達成されることを「段階取得」と呼びます。

会計上は，この段階取得をどのように会計処理するかが論点となります。そこでは，ａ．被取得企業の取得原価をどのように算定するか，および，ｂ．被

取得企業の資産および負債をどの範囲で評価するか，を検討していきます。

| ケース③ | その他有価証券から子会社株式（非完全子会社）へ |

　これは，相手先企業の株式をすでに所有していたものの支配関係も影響力もなかった状況において，発行済株式のうち議決権のある株式を50％超となる水準で一時に購入することによって相手先企業を子会社化するケースです。

　会計上は，ケース①の非支配株主持分の測定の論点と，ケース②の段階取得の論点とが混在することになります。

| ケース④ | 関連会社株式から子会社株式（完全子会社）へ |

　これは，相手先企業に対して影響力を行使できる関係があった場合に，発行済株式のうち議決権のある株式の残りをすべて購入することによって，この関連会社を完全に支配するケースです。例えば，議決権の所有割合が30％であった関連会社について，議決権のある株式の残りを一時に購入することによって，関連会社を100％子会社化するM&Aを指します。当初は資本提携の形で株式を保有していた相手先企業を関連会社化していたところ，その後，株式を買い増しすることによってさらに子会社化する場合などが考えられます。

　会計上は，ケース②の段階取得について，持分法を適用している関連会社をどのように取り扱うかの論点があります。また，この関連会社に持分法を適用していた場合には，連結財務諸表においてのれん相当額を反映させた会計処理が行われているため，持分法による投資評価額に含まれていたのれんの未償却残高をどのように処理するかの論点も追加されます。

| ケース⑤ | 関連会社株式から子会社株式（非完全子会社）へ |

　これは，相手先企業に対して影響力を行使できる関係があった場合に，発行済株式のうち議決権のある株式を50％超となる水準で一時に購入することによって関連会社を子会社化するケースです。

　会計上は，ケース①の非支配株主持分の測定とケース②の段階取得の論点に

第5章 「何を」取得したか（株式の一部を現金購入するM&A編）

加えて，ケース④の持分法による投資評価額に含まれていたのれんの未償却残高の論点も混在することになります。

| ケース⑥ | 子会社株式（非完全子会社）から子会社株式（完全子会社または非完全子会社）へ |

 これは，発行済株式のうち議決権のある株式を50％超となる水準で一時に購入することによって子会社化した場合に，残りの株式を追加して購入するケースです。このケースは「追加取得」と呼ばれます。"取得"の用語が使用されているものの，すでに支配を獲得していることから，企業結合会計基準でいう「取得」には該当しません。

 会計上は，非支配株主からの追加取得をどのように会計処理するかが論点となります。

2　非支配株主持分の測定

(1)　「購入のれん方式」によって測定する

 議決権のある株式を50％超100％未満で購入するM&Aによって相手先企業を子会社化した場合に，非支配株主持分をどのように測定するが会計上の論点となります。このM&Aでは連結財務諸表でパーチェス法が適用されることから，非支配株主持分の取扱いは企業会計基準第22号「連結財務諸表に関する会計基準」に従います。

 連結財務諸表の作成にあたって，買収した側の企業が取得した「子会社株式」勘定と，これに対応する買収された側の企業の資本とを相殺消去します。このときの資本は，パーチェス法を適用しているため，識別可能な資産や負債，企業結合に係る特定勘定，無形資産の純額として算定されます。この純額のうち買収した側の企業に帰属する部分については「子会社株式」勘定と相殺消去され，また，そこで生じる差額は，のれんまたは負ののれんとして処理されました。

一方,識別可能な資産や負債,企業結合に係る特定勘定,無形資産の純額のうち買収した側の企業に帰属しない部分については,純資産の部に「非支配株主持分」として計上されます。つまり,非支配株主持分は,その純額に非支配株主に帰属する持分割合を乗じて測定されます。これによって,非支配株主持分からは,のれんや負ののれんが計上されないこととなります。

　このように,のれんまたは負ののれんの計上は有償で取得した部分に限るべきとする立場は,「購入のれん方式」と呼ばれます。これが我が国の企業結合会計基準で採用されている考え方です。

【図表5-3】　購入のれん方式の算定

〔前提〕
　議決権のある株式を80％で購入するM&Aによって相手先企業を子会社化した。
　このとき,M&Aの対価は400百万円であった。また,支配獲得日現在における識別可能資産および識別可能負債の時価評価額は,それぞれ800百万円および440百万円であった。

〔ワークシート〕　　　　　　　　　　　　　　　　　　　　　　　　　　　（単位：百万円）

項目		全体	自社	非支配株主
持分割合		100%	80%	20%
M&Aの対価	A		400	
識別可能資産の時価評価合計（支配獲得日現在）		800		
識別可能負債の時価評価合計（支配獲得日現在）		440		
これらの純額	B	360	288	72
			（持分で按分）	（持分で按分）
購入のれん方式　合計		112		
自社の持分に係るのれん	A-B		112	
非支配株主の持分に係るのれん		－		－

（仕訳）
資　本　金	360	子 会 社 株 式	400
の　れ　ん	112	非支配株主持分	72

（注）　説明の便宜上,識別可能資産・負債の純額を「資本金」としている。

第5章 「何を」取得したか（株式の一部を現金購入するM&A編）

(2) 連結基礎概念から導かれる2つの会計処理

　購入のれん方式とは別の考え方に，「全部のれん方式」があります。これは，非支配株主持分に相当する部分についても推定計算などによって，のれんを計上すべきとする考え方です。このように考え方が違う理由は，誰に向けて連結財務諸表を作成するかという連結基礎概念が異なるためです。

　連結基礎概念の代表的なものとして，親会社説と経済的単一体説が挙げられます。連結会計基準では，親会社説とは「連結財務諸表を親会社の財務諸表の延長線上に位置づけて，親会社の株主の持分のみを反映させる考え方」と説明されています。これに対して，経済的単一体説は「連結財務諸表を親会社とは区別される企業集団全体の財務諸表と位置づけて，企業集団を構成するすべての連結会社の株主の持分を反映させる考え方」としています。つまり，親会社の株主のために連結財務諸表を作成するのか，あるいは，企業集団を構成する親会社および連結子会社のすべての株主のために作成するのか，という違いです。

　どちらの立場を採用するかによって，理論的に導かれる会計処理が異なる局面があります。そのひとつが，非支配株主持分の測定です。

　日本の会計基準は親会社説を基本としているため，全部のれん方式には否定的です。また，推定計算に対する懸念や，自己創設のれんを計上させないためにのれんは有償取得に限定する考え方が根強いことなども踏まえて，非支配株主持分の測定に購入のれん方式が採用されています。

(3) 日本では採用されていない「全部のれん方式」

　IFRSでは，実質的に経済的単一体説の立場と考えられています。非支配株主持分の測定は，この概念と整合する全部のれん方式が採用されています。ただし，購入のれん方式も選択できる取扱いとなっています。

　全部のれん方式では，購入のれん方式に加えて，非支配株主持分についてものれんまたは負ののれんを計上します。全部のれん方式によるときに，識別可能資産および負債の時価評価額の純額と比較する金額について支払プレミアム

を含めないかどうかによって，次の2つの算定方法があります。

| 算定方法① | 非支配株主持分およびこれに相当するのれんを支配プレミアムが含まれない取得日の時価で計上する方法 |

　これは，識別可能資産および負債の時価評価額の純額と比較する金額について支払プレミアムを含めないとするものです。

　M&Aの対価は，割引将来キャッシュ・フロー法による評価額いわゆる時価（公正価値）に対して，支配を獲得するためのプレミアムを含めて決定されることがあります。一方で，支配力を有していない非支配株主との取引の場合には，こうした支配プレミアムが生じないと考えられます。よって，M&Aの対価から支配プレミアムを差し引いた金額でもって，非支配株主持分との取引から生じるのれんまたは負ののれんを算定するのです。

　その算定手順として，まず，買収された側の企業の全体としての公正価値すなわち株式としての時価を算定します。これに非支配株主に帰属する持分割合を乗じることによって，非支配株主持分の公正価値を測定します。

　次に，識別可能な資産や負債，企業結合に係る特定勘定，無形資産の純額に非支配株主の持分割合を乗じることによって，非支配株主に帰属する持分相当額を算定します。

　これらの差異が，非支配株主持分に係るのれんまたは負ののれんとして計上されます。

| 算定方法② | 非支配株主持分およびこれに相当するのれんを親会社の持分から推定した額によって計上する方法 |

　これは，識別可能資産および負債の時価評価額の純額と比較する金額について支払プレミアムも含めるとするものです。非支配株主との取引であっても，支配プレミアムを含めたM&Aの対価に基づいてのれんまたは負ののれんを算定します。

　その算定手順として，まず，M&Aの対価から，持分の比例割合によって非

支配株主持分の公正価値を測定します。この金額には支配プレミアムが含まれます。

次に，識別可能な資産や負債，企業結合に係る特定勘定，無形資産の純額に非支配株主の持分割合を乗じることによって，非支配株主に帰属する持分相当額を算定します。

これらの差異が，非支配株主持分に係るのれんまたは負ののれんとして計上されます。

いずれの方法であっても，全部のれん方式によると非支配株主持分に係るのれんが計上されるため，その分だけ購入のれん方式と比較してのれんが多額に計上されます。

【図表5-4】 全部のれん方式の算定

〔前提〕

議決権のある株式を80%で購入するM&Aによって相手先企業を子会社化した。

このとき、M&Aの対価は400百万円であった。また、相手先企業の全株式の時価(公正価値)は430百万円であった。

一方、支配獲得日現在における識別可能資産および識別可能負債の時価評価額は、それぞれ800百万円および440百万円であった。

〔ワークシート〕 (単位:百万円)

項目		全体	自社	非支配株主
持分割合		100%	80%	20%
M&Aの対価	A		400	100
				(持分に応じた推定)
株式の時価(公正価値)	B	430		86
				(持分に応じた推定)
識別可能資産の時価評価合計(支配獲得日現在)		800		
識別可能負債の時価評価合計(支配獲得日現在)		440		
これらの純額	C	360	288	72
			(持分で按分)	(持分で按分)
全部のれん方式(①支配プレミアム含めず) 合計		140		
自社の持分に係るのれん	A−C		112	
非支配株主の持分に係るのれん	B−C			14
全部のれん方式(②支配プレミアム含めず) 合計		140		
自社の持分に係るのれん	A−C		112	
非支配株主の持分に係るのれん	A−C			28
<参照>				
全部のれん方式(①支配プレミアム含めず) 合計		126		
自社の持分に係るのれん	A−C		112	
非支配株主の持分に係るのれん	−			−

第5章 「何を」取得したか（株式の一部を現金購入するM&A編）

（注）説明の便宜上，識別可能資産・負債の純額を「資本金」としている。

（仕訳）			
資　本　金	360	子 会 社 株 式	400
の　れ　ん	126	非支配株主持分	86

（仕訳）			
資　本　金	360	子 会 社 株 式	400
の　れ　ん	140	非支配株主持分	100

（仕訳）			
資　本　金	360	子 会 社 株 式	400
の　れ　ん	112	非支配株主持分	72

我が国の企業結合会計基準では，全部のれん方式を採用していないため，IFRSとの差異が生じています。しかし，IFRSや米国会計基準でも全部のれん方式に対して否定的な意見もあることから，全部のれん方式の採用の可否は継続検討課題とされています。

3　段階取得の会計処理

(1)　連単で異なる取得原価

　株式を現金購入するM&Aでは，株式の購入取引を複数回行うことを通じて，買収される側の企業を子会社化することがあります。このとき，段階取得の会計処理が適用されます。段階取得における会計上の論点は，a．被取得企業の取得原価の算定と，b．被取得企業の資産および負債の評価範囲の2点です。

　このうち被取得企業の取得原価の算定については，平成20年改正会計基準によって，個別財務諸表と連結財務諸表とで異なる算定となりました。具体的には，次のとおりです。

①　個別財務諸表

　個別財務諸表では，M&Aで獲得した企業や企業を構成する事業に対する取得原価は，支配を獲得するに至った個々の取引ごとの原価の合計額として算定されます。つまり，それぞれの取引における購入対価を単純に累計した金額が取得原価となります。

②　連結財務諸表

　連結財務諸表では，M&Aで獲得した企業や企業を構成する事業に対する取得原価は，支配を獲得するに至った個々の取引すべてが企業結合日における時価で算定されます。つまり，それぞれの取引で購入した株式数の累計に対して，支配を獲得した時点の時価を乗じた金額が取得原価となります。これは，支配を獲得する前から所有していた株式が，支配獲得日の時価で再評価されること

を意味します。

このように連結財務諸表では，個別財務諸表と算定方法が異なるため，取得原価に差額が生じることになります。この差額は，連結財務諸表で，当期の段階取得に係る損益として特別損益に計上されます。また，この段階取得に係る損益は，注記が求められます。

なお，段階取得における被取得企業が関連会社であった場合でも，同様に取り扱われます。

③ 支配獲得前に購入した株式の付随費用の取扱い

株式のすべてを現金購入するM&Aでは，取得関連費用について，個別財務諸表では取得原価に含めるのに対して，連結財務諸表では発生時に費用処理すると説明しました。段階取得においても，支配の獲得に至った株式購入については，同様の取扱いとなります。ここで，支配の獲得に至る前に購入した株式に係る付随費用の取扱いが論点となります。なお，この段階取得が，複数の取引によって1つの企業結合を構成している場合に該当しないものとします。

結論からいえば，支配の獲得に至る前に購入した株式に係る付随費用の取扱いは，段階取得と同様となります。個別財務諸表では，M&Aの取得原価は，支配を獲得するに至った個々の取引ごとの原価の合計額として算定されました。そのため，支配獲得前に購入した株式の取得原価には，自ずと付随費用が含まれることになります。これを特に費用処理することはありません。

一方，連結財務諸表では，結果的に，支配獲得日が属する連結会計期間において段階取得に係る損益に含まれることになります。連結財務諸表では，M&Aの取得原価は，支配を獲得するに至った個々の取引すべてが企業結合日における時価で算定されました。また，個別財務諸表における取得原価との差額は，連結財務諸表で，当期の段階取得に係る損益として特別損益に計上されました。そのため，支配獲得前に購入した株式も支配獲得日の時価で再評価される結果，そこに含まれていた付随費用は，連結財務諸表の取得原価と個別財務諸表の取得原価との差額に含まれることになります。したがって，結果的に

段階取得に係る損益として処理されるのです。

なお，この取扱いは，日本公認会計士協会の会計制度委員会報告第7号「連結財務諸表における資本連結手続に関する実務指針」第8項にも明記されています。

【図表5-5】 段階取得における取得原価の算定

(単位：株，千円)

	株式数	議決権割合	購入単価	計	付随費用	合計
個別財務諸表						
既購入分	100	10%	100	10,000	100	10,100
新規購入分	700	70%	120	84,000	900	84,900
子会社株式	800	80%		94,000	1,000	95,000 A
連結財務諸表						
取得時合計(パーチェス法の適用)	800	80%	120	96,000		96,000 B
段階取得による差益						1,000 B−A

(2) 取得原価が連単で異なる理由

① 公開草案における提案内容

平成20年改正会計基準の公開草案では，個別財務諸表でも，支配を獲得するに至った個々の取引すべてに対して企業結合日における時価で取得原価を算定する会計処理が提案されていました。

それ以前の会計基準では，個別財務諸表および連結財務諸表で，支配を獲得するに至った個々の取引ごとの原価の合計額によって取得原価が算定されていました。これは，個々の取引がその時々の等価交換によって成立している経済的実態を反映する考え方をしていたためです。

一方で，ある企業の支配を獲得したことは，単なる株式の交換取引ではなく，これまで所有していた株式に対する投資の実態や本質が変化したものとして捉えることができます。そこで，支配を獲得した時点でもって，これまでの投資

が清算され，また，改めて投資が行われたものとして会計処理を行うことが平成20年改正会計基準の公開草案で提案されました。国際的な会計基準もこうした考え方によっているため，コンバージェンスの観点から見直しが求められていた背景もあります。

② 確定した取扱い

平成20年改正会計基準の公開草案に対して，連結財務諸表におけるコンバージェンスに肯定的な意見が寄せられたものの，個別財務諸表のコンバージェンスには否定的な意見もありました。個別財務諸表では段階取得によっても投資の実態や本質が変わったとみなせない場合も多いことから，投資が継続していると考える方が適当とするものです。

これらを審議した結果，平成20年改正会計基準では，個別財務諸表と連結財務諸表とで異なる取扱いとすることで確定されました。つまり，個別財務諸表では，従来どおり個々の取引ごとの原価の合計額をもって取得原価を算定する取扱いが維持されました。一方，連結財務諸表では，もっぱら東京合意に基づく短期コンバージェンス・プロジェクトを完了させることを重視した結果，個々の取引すべてに対して企業結合日における時価で取得原価を算定する取扱いへと変更されました。

なお，吸収合併において，取得企業が被取得企業の株式を保有していた場合にも同様に取り扱います。個別財務諸表では，割り当てられる取得企業の株式の時価と，合併直前に保有していた被取得企業の株式の帳簿価額とを合算した金額が，取得原価になります。一方，連結財務諸表では，取得企業の株式の合併期日における時価が取得原価になります。これらの差額が連結財務諸表で損益として処理されます。

(3) 全面時価評価法の採用

① 会計処理

　株式の一部を現金購入するM&Aによって買収された側の企業が連結子会社となった場合に，完全子会社ではないことから，連結財務諸表には非支配株主持分が生じます。その非支配株主持分の算定は，企業会計基準第22号「連結財務諸表に関する会計基準」に従って，「全面時価評価法」により評価します。

　全面時価評価法とは，支配獲得日において，子会社の資産および負債のすべてを支配獲得日の時価によって評価する方法です。これは，平成20年に改正された連結会計基準で変更された取扱いです。

【図表5-6】 段階取得における全面時価評価法

(単位：百万円)

項目		全体	自社	非支配株主
持分割合		100%	80%	20%
M&Aの対価（連結上の取得原価）	A		96,000	
識別可能資産の時価評価合計（支配獲得日現在）		270,000		
識別可能負債の時価評価合計（支配獲得日現在）		150,000		
これらの純額	B	120,000	96,000	24,000
			(持分で按分)	(持分で按分)
購入のれん方式　合計		0		
自社の持分に係るのれん	A－B		0	
非支配株主の持分に係るのれん		－		－

(仕訳)

資本金	120,000	子会社株式	95,000
		段階取得による差益	1,000
		非支配株主持分	24,000

(注)　説明の便宜上，識別可能資産・負債の純額を「資本金」としている。

② 改正の変遷

　株式を購入するM&Aによって連結財務諸表を作成するときに，投資と相殺消去される資本とは，識別可能な資産や負債，企業結合に係る特定勘定，無形資産を時価評価した結果の純額として算定されるものでした。子会社の資産および負債を時価評価する範囲は，連結基礎概念によって「部分時価評価法」と「全面時価評価法」とが導かれます。

　部分時価評価法とは，子会社の資産および負債の時価評価にあたって，自社の持分についてのみ時価評価する会計処理をいいます。自社が投資を行った際に自社の持分を重視するものです。自社の持分のみを時価評価するため，簿価で評価される非支配株主持分については評価差額が計上されません。

　部分時価評価法によれば，子会社の資産および負債の時価評価は，株式の取得日ごとに行います。なぜなら，株式の取得価額がその時点における子会社の資産および負債の時価を反映したうえで決定されていると考えるからです。このように部分時価評価法では，非支配株主から株式を取得した結果を連結財務諸表に表現していくため，自社の持分のみを反映させる親会社説と整合します。

　なお，実務の観点からは，取得日ごとの子会社の資本を用いて相殺消去を行う必要があるため，それぞれの時点の子会社の資本に関するデータを保有し続ける負担が生じます。また，追加の購入や一部売却といった持分の変動を想定している場合には，部分時価評価法では会計処理が煩雑になります。

　これに対して，全面時価評価法とは，子会社の資産および負債の時価評価にあたって，自社の持分だけではなく非支配株主持分も含めて時価評価する会計処理をいいます。自社が子会社を支配した結果，子会社が企業集団に含まれることになった事実を重視するものです。自社の持分と非支配株式持分のいずれも時価評価するため，非支配株主持分についても評価差額が計上されます。

　全面時価評価法によれば，子会社の資産および負債の時価評価は，支配獲得日にのみ行います。なぜなら，一旦取得した支配権については，時価の変動に

よる再評価は必要ないと考えるからです。このように全面時価評価法では，非支配株主から支配権を取得した結果を連結財務諸表に表現していくため，企業集団を構成するすべての連結会社の株主の持分を反映させる経済的単一体説と整合します。

我が国では，かつて部分時価評価法と同様の処理が行われていました。平成9年6月の「連結財務諸表原則」によって全面時価評価法も認められるようになったものの，部分時価評価法の採用がわずかであったことや，平成15年公表の「企業結合に係る会計基準」が全面時価評価法を前提としていたことと整合させる観点から，平成20年改正の連結会計基準では，経済的単一体説と整合する全面時価評価法のみが採用されています。親会社説を基本としているものの，それと整合する部分時価評価法は否定されている状況にあります。

支配獲得時までに株式を段階的に取得した場合も同様に，子会社の資産および負債のすべてを支配獲得日の時価で評価します。このとき，評価差額は，支配獲得日の持分比率によって自社の持分と非支配株主持分とに按分することになります。

4　持分法による投資評価額に含まれていたのれんの未償却残高

(1)　段階取得の取扱い

関連会社の株式を買い増しすることによって子会社化した場合には，企業結合でいう「取得」に該当します。このとき，会計上の論点として，a．段階取得とb．のれんとが挙げられます。まずは，段階取得の取扱いを説明します。

関連会社を子会社化した場合の株式の購入取引は，関連会社となった時点と子会社となった時点とで，少なくとも2回行われています。複数回の株式購入を通じて支配を獲得しているため，段階取得の会計処理が適用されます。

個別財務諸表では，関連会社株式から子会社株式へと属性が変化するものの，その取得原価は，個々の取引ごとの原価の合計額として算定されます。一方，

第5章 「何を」取得したか（株式の一部を現金購入するM&A編）

連結財務諸表では，関連会社株式から子会社株式へと属性が変化した，すなわち，支配を獲得したため，その取得原価は支配を獲得するに至った個々の取引すべてに対して企業結合日における時価で算定します。

このときに個別財務諸表と連結財務諸表とで取得原価が異なるため，これらの差額は，連結財務諸表で，当期の段階取得に係る損益として特別損益に計上されます。ただし，関連会社株式として持分法を適用していた場合には，段階取得に係る損益は，支配獲得日における時価評価額と持分法による投資評価額との差額として算定されます。

【図表5－7】 持分法適用関連会社の段階取得における取得原価

(単位：株，千円)

	株式数	議決権割合	購入単価	計	付随費用	合計
個別財務諸表						
既購入分	30	30%	15	450	20	470
新規購入分	30	30%	20	600	30	630
子会社株式	60	60%		1,050	50	1,100 A
連結財務諸表						
取得時までの持分法仕訳						
のれん償却						－10
利益計上						30
小計						20 B
取得時における評価額						1,120 C=A+B
取得時合計(パーチェス法の適用)	60	60%	20	1,200		1,200 D
段階取得による差益						80 D－C

(2) のれんの取扱い

① 会計処理の概要

関連会社の株式を買い増しすることによって子会社化した場合の会計上の論

点として，のれんが挙げられていました。具体的には，関連会社が子会社化したことでのれんまたは負ののれんが発生する場合に，持分法による投資評価額に含まれているのれんの未償却残高についての取扱いです。

結論としては，持分法評価額に含まれていたのれんも含めて，のれんまたは負ののれんが新たに計算されます。

【図表５－８】持分法適用関連会社の段階取得における全面時価評価法

(単位：百万円)

項目		全体	自社	非支配株主
持分割合		100%	60%	40%
M&Aの対価（連結上の取得原価）	A		1,200	
識別可能資産の時価評価合計（支配獲得日現在）		2,700		
識別可能負債の時価評価合計（支配獲得日現在）		1,600		
これらの純額	B	1,100	660	440
			(持分で按分)	(持分で按分)
購入のれん方式	合計	540		
自社の持分に係るのれん	A－B		540	
非支配株主の持分に係るのれん		－		－

```
(仕訳)
資  本  金      1,100    子 会 社 株 式    1,120
の  れ  ん        540    段階取得による差益    80
                         非支配株主持分      440
```

(注) 説明の便宜上，識別可能資産・負債の純額を「資本金」としている。
　　また，「子会社株式」には持分法仕訳が反映されている。

② 考え方

のれんまたは負ののれんは，投資と資本を相殺消去した差額として算定されました。ここで投資の面と資本の面との２つから考えてみます。

投資の面では，関連会社の株式を買い増しした結果，その会社の支配を獲得

して子会社化しているため，企業結合でいう「取得」に該当します。また，段階取得でもあるため，支配獲得日における時価によって，関連会社の株式が再評価されます。

一方，資本の面では，支配を獲得しているため，その子会社の資産および負債は，全面時価評価法によって評価されます。つまり，関連会社株式に持分法を適用していたときのように，自社の持分だけ時価評価する部分時価評価法が適用されなくなります。このとき，非支配株主持分は，全面時価評価法によって算定された資本に非支配株主の持分を乗じて算定した額が計上されます。

このように算定された投資と資本とを相殺消去した差額として，のれんまたは負ののれんが計算されます。このときに，支配の獲得に至った取引までに購入した株式数の累計に対して，支配を獲得した時点の時価を乗じた金額が，相殺消去される投資の取得原価となります。よって，関連会社株式に対する持分法評価額に含まれていたのれんの未償却残高が区分されることはありません。

③ のれんが発生する場合と負ののれんが発生する場合

関連会社が子会社化したことで，のれんが発生する場合と，負ののれんが発生する場合とがあります。

のれんが発生する場合には，持分法による投資評価額に含まれていたのれんの未償却部分と区別することなく計上します。これは，段階取得に係る損益を算定する過程において，自ずと包含されていきます。また，企業結合日に計上されたのれんは，新たな償却期間にわたって償却されていきます。

一方，負ののれんが発生する場合には，持分法による投資評価額に含まれていたのれんの未償却部分と相殺したうえで，のれんまたは負ののれんが新たに計算されます。これも，段階取得に係る損益を算定する過程において，自ずと包含されていきます。

5 非支配株主からの追加取得

(1) 取扱いは連結会計基準をみる

　株式を現金購入するM&Aによって，支配権のすべてを獲得していない状態で子会社化した場合に，残りの株式を非支配株主から購入することがあります。このように子会社株式を買い増すことを「追加取得」と呼びます。

　注意すべきは，非支配株主から子会社株式を受け取る取引，すなわち，非支配株主との取引は，企業結合には該当しないことです。また，すでに支配を獲得している子会社の非支配株主との取引であるため，企業結合会計基準でいう「取得」の定義も満たしません。したがって，企業結合会計基準で規定する「取得」の会計処理が適用されないのです。

　非支配株主との取引については，企業結合会計基準では「共通支配下の取引等の会計処理」に示されています。これは，企業集団内における企業結合である「共通支配下の取引」だけではなく，非支配株主との取引も含まれています。"等"の言葉が，非支配株主との取引を表しています。

　非支配株主との取引は，個別財務諸表と連結財務諸表における会計処理が示されています。個別財務諸表では，追加取得時における株式の時価と，対価となる財の時価のうち，より高い信頼性をもって測定可能な時価によって，追加取得する子会社株式の取得原価を算定します。

　一方，連結財務諸表では，連結会計基準における子会社株式の追加取得に準じて処理することになります。このように非支配株主からの追加取得は，企業結合会計基準にも示されているものの，連結会計基準に準じる取扱いとされているため，企業結合会計基準だけでは会計処理が完結しません。よって，連結会計基準の取扱いを確かめる必要があります。

　また，この取扱いは，企業結合会計基準および連結会計基準ともに平成25年に改正されている点にも留意が必要です。

(2) のれんは計上されない

連結会計基準の第28号では，非支配株主との取引について，次のとおり規定しています。

> 子会社株式（子会社出資金を含む。以下同じ。）を追加取得した場合には，追加取得した株式（出資金を含む。以下同じ。）に対応する持分を非支配株主持分から減額し，追加取得により増加した親会社の持分（以下「追加取得持分」という。）を追加投資額と相殺消去する。追加取得持分と追加投資額との間に生じた差額は，資本剰余金とする。

この規定から投資と資本の相殺消去に関する仕訳を起票するには，行間を読み説く必要があります。ここで参考となるのが，日本公認会計士協会の会計制度委員会報告第7号「連結財務諸表における資本連結手続に関する実務指針」です。その第37項で，次のように説明されています。

> 支配獲得後に子会社株式を追加取得した場合，<u>追加取得日の子会社の資本のうち</u>追加取得した株式に対応する持分を非支配株主持分から減額し<u>て親会社持分を増加させるとともに</u>，追加取得により増加した親会社持分（以下「追加取得持分」という。）と追加投資額とを相殺消去し，<u>消去差額を資本剰余金として処理する</u>（連結会計基準第28項）。
> （以下，省略。なお，下線は，連結会計基準第28項からの追加記載を示すために筆者が付した。）

この説明も踏まえて理解できることは，次の3点です。

① 追加取得日における資本によって相殺消去する

1点目は，「追加取得日の子会社の資本のうち」とあるため，投資と相殺消去する対象の資本とは，追加取得日における子会社の資本であることです。

連結子会社であることを前提とすると，支配を獲得した後の増資や利益剰余金などの増減は，すでに連結財務諸表に取り込んでいます。そのため，追加取

得日の子会社の資本を相殺消去の対象とすることが適当です。

② 非支配株主持分の減額は自社持分の増加に等しい

2点目は，追加取得日の子会社の資本のうち追加取得した株式に対応する持分について，非支配株主持分からの減額とは，自社の持分の増加を意味していることです。

段階取得の会計処理で説明したとおり，非支配株主持分の算定には全面時価評価法が採用されています。また，その時価評価は支配獲得時のみに行うため，追加取得日に評価替えすることはありません。この結果，非支配株主持分を減額させる金額は，自社の持分を増加させる金額に等しくなります。これが「追加取得により増加した自社の持分（以下「追加取得持分」という。）」なのです。

したがって，連結会計基準でいう「追加取得した株式（出資金を含む。以下同じ。）に対応する持分を非支配株主持分から減額し，追加取得により増加した自社の持分（以下「追加取得持分」という。）」とは，会計処理としては非支配株主持分から自社の持分への振替を意味します。投資と資本の相殺消去仕訳では，「非支配株主持分」を借方に計上させることで減額させます。

③ 相殺消去の差額は資本剰余金として処理する

3点目は，減額する非支配株主持分額と追加投資額との差額が資本剰余金とされることです。投資と資本の相殺消去仕訳では，追加投資額は「子会社株式」などの科目を貸方に計上させることで減額させます。これと，②の非支配株主持分との差額が，資本剰余金として処理されます。平成25年の改正によって，この差額がのれんから資本剰余金へと変更されている点に留意が必要です。

第5章 「何を」取得したか（株式の一部を現金購入するM&A編）

【図表5−9】 非支配株主からの追加取得

〔前提〕
　議決権のある株式を80％を有する子会社の株式について、10％を70百万円で追加取得した。
　支配獲得日における識別可能資産および識別可能負債を時価評価した結果、評価差額は60百万円であった。また、資本金は200百万円、繰越利益剰余金は100百万円であった。
　一方、支配獲得日後に獲得した利益の累積額は120百万円であった。なお、支配獲得日から評価差額に変動はなく、また、資本取引も発生していない。

〔ワークシート〕　　　　　　　　　　　　　　　　　　　　　　　　　　（単位：百万円）

項目		全体	自社	追加取得	非支配株主
持分割合		100%	80%		20%
追加取得				10%	−10%
追加取得後の持分割合		100%	80%	10%	10%
追加取得の対価	A			70	
支配獲得日現在					
資本金		200	160		40
繰越利益剰余金		100	80		20
評価差額		60	48		12
支配獲得日後					
利益剰余金		120	96		24
追加取得に伴う持分変動					
資本金				20	
繰越利益剰余金				10	
評価差額				6	
支配獲得日後の累積利益				12	
計	B			48	
				（持分で按分）	
資本剰余金の増減	A−B			22	

（仕訳）					
非支配株主持分	48	子 会 社 株 式	70		
資 本 剰 余 金	22				

117

(3) 平成25年改正の背景

　平成25年改正の企業結合会計基準や連結会計基準では，子会社株式の追加取得における投資と資本の相殺消去差額は，資本剰余金として処理することに変更されたと説明しました。

　改正前の会計基準では，子会社株式を追加取得した金額と，それによって減少する非支配株主持分の金額との相殺消去差額は，のれんとして処理されていました。なぜなら，非支配株主との取引とは，企業集団内の取引ではなく，外部取引と考えていたからです。外部取引から生じた差額をのれんとすると，償却を通じて将来に損益が計上されてしまいます。これは自社の株主の持分のみを反映させることになるため，親会社説と整合します。

　しかし，このように損益を計上する会計処理には問題点もありました。これは，非支配株主との取引によって生じた自社の持分変動による差額をどのように処理するかという論点です。この持分変動には，追加取得のみならず，一部売却や時価発行増資等も含まれます。従来は，子会社株式を追加取得した場合にはのれんの計上を通じて損益を計上する取引として，また，一部売却した場合や子会社の時価発行増資等の場合には損益を計上する取引として取り扱われていました。

　こうした会計処理における特にわかりやすい問題点とは，子会社株式を一部売却するケースです。子会社に対する支配関係が継続しているにもかかわらず，非支配株主との取引といって損益が計上されると，子会社株式の一部売却を通じて自社グループの業績を調整できるからです。例えば，当期の連結上の利益が業績予想に満たないため，上場している子会社株式を一部売却して利益を計上しよう，というものです。

　そうした問題への対応も踏まえて，平成25年改正の企業結合会計基準や連結会計基準では，非支配株主との取引によって生じた自社の持分変動による差額については，一律，資本剰余金として処理することになりました。つまり，支配を獲得した後に子会社株式を追加取得しても，のれんは計上されずに資本剰余金がマイナス計上されるのです。これは，非支配株主との取引を，外部取引

ではなく，企業集団内の取引として考える立場に変わったことを意味します。企業集団を構成するすべての連結会社の株主の持分を反映させるため，経済的単一体説と整合する結果となります。日本の会計基準が親会社説を基本としていながらも，それとは整合しない会計処理が採用されていると指摘できます。

(4) 資本剰余金がマイナス残高になった場合の取扱い

支配を獲得した後に子会社株式を追加取得した場合に，支配獲得後の自社の持分変動による差額については，従来はのれんを計上していたところ，平成25年に改正された連結会計基準によって資本剰余金をマイナス計上する取扱いとなっています。

このとき，資本剰余金のマイナス計上が，追加取得を行う直前における資本剰余金の残高を超えるときには，資本剰余金がマイナス残高となってしまいます。この場合，企業会計基準第1号「自己株式及び準備金の額の減少等に関する会計基準」第40項に定める取扱いと同じように，連結会計年度末において，資本剰余金をゼロとするために，そのマイナスの値を利益剰余金から減額させる必要があります。なぜなら，資本剰余金は株主からの払込資本のうち資本金に含まれないものを表すため，本来，資本剰余金がマイナス残高となることが想定されないからです。よって，利益剰余金で補填するのです。

ここで注意すべきは，この取扱いが，資本剰余金が全体としてマイナス残高となる場合に適用される点です。これは，連結財務諸表では，資本剰余金の内訳を区分表示しないためです。したがって，仮に資本剰余金の内訳として，その他資本剰余金が追加取得によってマイナス残高になっていたとしても，それを上回る資本準備金が計上されている結果，資本剰余金は全体としてプラス残高となっている場合には，その他資本剰余金のマイナス残高を利益剰余金から減額する必要はありません。

なお，四半期会計期間末において資本剰余金がマイナス残高となる場合も考えられます。その場合にも，資本剰余金のマイナス残高を利益剰余金で補填す

ることが適当です。ただし，企業会計基準第1号「自己株式及び準備金の額の減少等に関する会計基準」第42項に基づき，利益剰余金による補填は，当期におけるその後の四半期会計期間末や年度末で洗替処理することになります。

また，四半期連結財務諸表あるいは四半期財務諸表では資本剰余金の内訳を区分して表示しないため，資本剰余金が全体としてマイナス残高となる場合に適用されます。

(5) 一体取引であればのれんを計上する

① のれんか，資本準備金か

あるM&Aについて，株式の取得に関する取引が1回ではなく複数回にわたることがあります。企業結合会計基準では，複数の取引が1つの企業結合を構成している場合には，それらを一体として取り扱うことが規定されています。したがって，支配獲得後の取引を追加取得の会計処理に従った場合には資本剰余金が計上されるのに対して，いわゆる一体取引とした場合には資本準備金ではなくのれんが計上されることになります。

例えば，3月末決算会社が第2四半期末において，ある会社の株式をM&Aによって60％取得したことによって，連結子会社化したと考えます。また，第3四半期末日に残りの40％の子会社株式を追加取得したために，完全子会社となったとします。

このケースで，追加取得の会計処理を適用した場合には，60％の持分に対してのれんが計上され，また，40％の持分に対しては資本準備金がマイナス計上されます。一方，一体取引として取り扱う場合には，100％の持分に対してのれんが計上されます。なお，40％の株式取得の際に計上されたのれんは，支配獲得時に計上されていたものとして取り扱われるため，第3四半期から，第2四半期の償却も含めて償却費が計上されます。

このように一体取引として取り扱うか否かによってのれんの計上額が異なるため，その償却を通じた将来の損益に直接影響を与えることから，実務的に関

心が集まるところです。

② 一体取引の判断

　一体取引かどうかの判断について，企業結合会計基準の第66項では，複数の取引が1事業年度内に完了する場合には一体取引として取り扱うことが適当である旨が示されています。しかし，一体取引かどうかは状況によって異なることから，M&Aの意図や目的等を勘案したうえで，実態に応じた判断が求められています。このように，例示はしているものの実態判断を要求しているため，一体取引の判断指針は明確ではありません。また，開示によって取引の透明性が確保されていると考えていることからも，会計基準としては特段の対応を不要としています。

　これについて，ASBJの機関誌である『季刊企業会計』に掲載された，平成25年改正会計基準に関する座談会が参考になります。その中で一体取引の判断に迷うような場合には別個の取引として会計処理するのが原則ではないか，との私見が示されています。また，当初から当事者間で複数取引となることが合意されている場合や，契約等が締結されている場合には，一体取引として会計処理することになるとの考え方も示されています。

　また，具体例として，上場会社が株式公開買付によってある上場会社を子会社化し，その後スクイーズ・アウトなどによって完全子会社化した場合が挙げられています。その場合には，もともと当事者間で合意があった訳ではないため，当初の取引ではのれんが計上される一方で，追加取得の取引では資本剰余金が控除されるとの見解も示されています。

③ 実務に求められる対応

　株式の取得に関する取引が1回ではなく複数回にわたるM&Aでは，一体取引として取り扱われるかどうかによって，のれんの計上額や償却費が異なることから，連結上の財政状態や経営成績に影響を与えかねません。そのため，M&Aの意図や目的等を理解しておく必要があります。

しかし，企業の組織上，M&Aを企画・実施していく部門と会計処理を行う部門とは必ずしも一致していません。このような場合に会計処理にあたって必要となる情報が共有されないと，一体取引か否かの判断が適切に行えない結果，誤ったのれんの計上額や償却額のシミュレーションに基づいて経営の意思決定を行ってしまう可能性があります。したがって，経営者としては，会計処理を行う部門に対して，適切なタイミングで必要な情報が共有されるような組織体制を構築しておく必要があります。

(6) 追加取得時の取得関連費用の計上区分

追加取得の際に発生する取得関連費用は，支配獲得時と同様に，連結財務諸表では費用として計上されます。ただし，連結損益計算書の計上区分が，支配獲得時の取得関連費用とは異なる点に留意が必要です。

企業結合会計基準には取得関連費用の損益計算書における計上区分は示されておりません。しかし，日本公認会計士協会から公表されている会計制度委員会報告第8号「連結財務諸表等におけるキャッシュ・フロー計算書の作成に関する実務指針」の「Ⅲ　設例による解説」の2(1)②「オ．投資と資本の消去：乙社株式の追加取得に要した関連費用の費用処理」では，子会社株式から振り替えている取得関連費用の科目が「支払手数料（営業外費用）」として示されています。このことから，追加取得における取得関連費用は営業外費用としての計上が想定されているものと理解できます。これに対して，支配獲得時の取得関連費用では販売費及び一般管理費としての計上が想定されていたため，その違いに注意する必要があります。

第6章　M&Aで必要となる注記
（シンプルなケース）

- 注記のモレとムダをなくす
- 注記のフルバージョンを理解してモレを防止する
- 年度決算の「取得」に関する注記の作り方
- 後発事象の注記におけるムダ
- 四半期連結財務諸表の注記におけるムダ
- 各種規則の不慣れに関するムダ

第6章　M&Aで必要となる注記（シンプルなケース）

1　注記のモレとムダをなくす

(1)　パーチェス・ジャーニー第三幕の概要

パーチェス・ジャーニーの第三幕は，パーチェス法に関する注記，つまり，M&Aがどのような内容なのかを記載していきます。これは，企業結合会計基準で「開示」として示されている取扱いに該当します。

この注記のうち，暫定的な会計処理と追加取得については第7章で取り扱います。本章では，それらを除くシンプルなケースについて解説していきます。

【図表6－1】　パーチェス・ジャーニー第三幕（シンプルなケース）

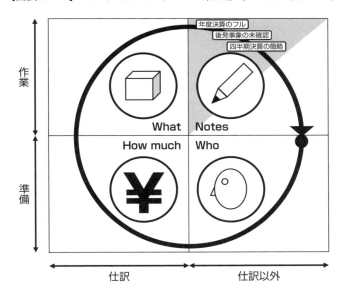

(2)　最終的な開示を踏まえてモレをなくす

M&Aを実施したときの財務報告では，会計処理で終わることなく，その内容に関する注記も必要となります。M&Aの透明性を確保するために，注記に

125

は詳細な内容の記載が求められます。M&Aを頻繁に行っていない場合には，のれんの金額やその後の償却費といった会計処理にばかり関心が向きがちです。その結果，財務諸表の注記を作成する段階になって，例えば経営者が「買収金額まで開示するのか」と驚くケースもあります。開示された情報は株主や投資家などの目につくため，神経を使うのは当然でしょう。

　M&Aの実施部隊に経理部門の者が関わっていない会社では，財務諸表でどのように注記されるかまで理解されないままM&Aの意思決定が進んでしまうと，財務報告の段階になって詳細な開示を見て慌てかねません。また，経理部門としても，最終的にどのような内容が注記されるかの全体像を知っておくことは，必要となる作業にモレがなくなる点で有益です。実際，企業結合に関する注記が不十分ではない事例があったと，金融庁による平成25年度版および平成26年度版の有価証券報告書レビューで指摘されています。したがって，M&Aを実施する場合に，財務諸表にどのように注記すべきかを事前に把握しておくことが有益です。

(3) 時間軸から導かれる3つのムダ

　財務諸表は，注記も含めてタイトな時間の中で作成しなければなりません。また，上場企業や会社法監査の対象となる企業などでは，会計監査への対応も必要となります。そうした中で会計処理や注記のエラーがあると手戻りが生じるため，財務諸表の作成者サイドとしてはムダとなるような作業はできるだけ回避したいと考えるでしょう。

　ここで上場会社にとってのM&Aに関する注記について時間軸で考えると，最初に後発事象としての注記，次に四半期連結財務諸表における実施の注記，最後に年度末の財務諸表における実施の注記という順番が想定されます。なお，暫定的な会計処理が行われる場合には確定した際の注記も加わるものの，煩雑となることから，本章では考慮しないものとします。

　時間軸で考えたときに，最初に後発事象としての注記がある理由は，後発事象に該当しない期間にM&Aが意思決定されクロージングまで行われることが

第6章　M&Aで必要となる注記（シンプルなケース）

少ないと考えられるからです。例えば，3月末決算の上場企業を想定すると，後発事象に該当しない期間は，次のとおり挙げられます。

　　a　有価証券報告書の提出日から6月末日までの間
　　b　第1四半期決算に係る四半期報告書の提出日から9月末日までの間
　　c　第2四半期決算に係る四半期報告書の提出日から12月末日までの間
　　d　第3四半期決算に係る四半期報告書の提出日から3月末日までの間

　これらの具体的な日数は，aの場合に短ければ数日程度，また，bからdの場合に短ければ45日程度です。こうした短い期間の中でM&Aの意思決定からクロージングまでが行われる場合に限り，後発事象としての注記が必要になります。よって，例えば規模の小さなM&Aなどを除けば，最初に後発事象として注記されることが多いと想定されます。

　このような時間軸の観点を踏まえると，M&Aに関する注記でムダが生じやすい状況として，次の3つが挙げられます。

①　後発事象の注記に不要な事項に手間をかけてしまうこと
②　四半期連結財務諸表の注記として簡略されている事項まで検討してしまうこと
③　規則等の取扱いに不慣れなために不要な注記を記載してしまうこと（個別財務諸表では省略できる注記を記載してしまうこと，前期に注記した内容を比較情報に記載してしまうこと，M&Aが生じていない四半期会計期間に注記を記載してしまうこと）

2　注記のフルバージョンを理解してモレを防止する

(1)　企業結合会計基準が求める注記

　年度決算において，M&Aが企業結合会計基準でいう「取得」に該当する場合には，次の注記が必要となります。

【図表6−2】 企業結合会計基準が求める「取得」の注記一覧

カテゴライズ	内　　　容	関連
1　企業結合の概要	(1)　被取得企業の名称および事業の内容（事業を取得した場合は相手企業の名称および取得した事業の内容）	a
	(2)　企業結合を行った主な理由	b
	(3)　企業結合日	c
	(4)　企業結合の法的形式	d
	(5)　結合後企業の名称	e
	(6)　取得した議決権比率（段階取得の場合には，企業結合直前に所有していた議決権比率，企業結合日に追加取得した議決権比率および取得後の議決権比率）	f
	(7)　取得企業を決定するに至った主な根拠	g
2　財務諸表に含まれている被取得企業または取得した事業の業績の期間	（カテゴライズのとおり）	h
3　取得原価の算定等に関する事項	(1)　被取得企業または取得した事業の取得原価および対価の種類ごとの内訳。株式を交付した場合には，株式の種類別の交換比率およびその算定方法ならびに交付または交付予定の株式数	i
	(2)　企業結合契約に定められた条件付取得対価の内容およびそれらの今後の会計処理方針	j
	(3)　段階取得において，連結財務諸表上で処理された損益の金額	k
	(4)　主要な取得関連費用の内容および金額	l
4　取得原価の配分に関する事項	(1)　企業結合日に受け入れた資産および引き受けた負債の額ならびにその主な内訳	m
	(2)　取得原価の大部分がのれん以外の無形資産に配分された場合には，のれん以外の無形資産に配分された金額およびその主要な種類別の内訳ならびに全体および主要な種類別の加重平均償却期間	n
	(3)　取得原価の配分が完了していない場合は，その旨およびその理由	o
	(4)　発生したのれんの金額，発生原因，償却方	p

第6章 M&Aで必要となる注記（シンプルなケース）

		法および償却期間。負ののれんの場合には、負ののれんの金額および発生原因	
5	比較損益情報	企業結合が当期首に完了したと仮定したときの当期の連結損益計算書への影響の概算額および当該概算額の算定方法ならびに計算過程における重要な前提条件。ただし、当該影響額に重要性が乏しい場合は、注記を省略することができる。取得企業が連結財務諸表を作成していない場合は、個別損益計算書への影響の概算額を、連結財務諸表を作成している場合に準じて注記する。	q

（注）「関連」欄は、【図表6－3】との関連を示すものである。

　このように企業結合会計基準では、「取得」に該当する場合に、「企業結合の概要」「財務諸表に含まれている被取得企業または取得した事業の業績の期間」「取得原価の算定等に関する事項」「取得原価の配分に関する事項」「比較損益情報」の5つにカテゴライズしたうえで、それぞれに注記すべき事項を定めています。

　一方、開示の実務では、金融商品取引法や会社法といった制度会計ごとに対応しなければなりません。それぞれの作成基準である財務諸表等規則や会社計算規則などが、企業結合会計基準が求める注記事項をどのように規定したかによって、注記の仕方も変わってきます。よって、これらの規則がどのように注記を規定化しているかについての理解が必要になります。

(2) 金融商品取引法における注記の取扱い

　金融商品取引法に基づく連結財務諸表や財務諸表は、連結財務諸表規則や財務諸表等規則に基づき作成することが求められます。これらの規則には、金融庁長官から一般に公正妥当な企業会計の基準として指定を受けた各種の会計基準が定める内容に従って、開示を必要とする事項が盛り込まれます。

　連結財務諸表規則や財務諸表等規則は、企業結合会計基準のように注記すべき事項を5つにカテゴライズしていないものの、その内容はそのまま規定化さ

れています。M&Aが企業結合会計基準でいう「取得」に該当する場合には、年度決算において次の注記が必要となります。

【図表6-3】 開示制度が求める「取得」の注記一覧

注 記 事 項	記号
1　企業結合の概要	
（1）　被取得企業の名称および事業の内容（事業を取得した場合は、相手企業の名称および取得した事業の内容）	a
（2）　企業結合を行った主な理由	b
（3）　企業結合日	c
（4）　企業結合の法的形式	d
（5）　結合後企業の名称	e
（6）　取得した議決権比率	f
（7）　取得企業を決定するに至った主な根拠	g
2　連結財務諸表または財務諸表に含まれている被取得企業または取得した事業の業績の期間	h
3　被取得企業または取得した事業の取得原価および対価の種類ごとの内訳	i
4　取得の対価として株式を交付した場合には、株式の種類別の交換比率およびその算定方法ならびに交付または交付予定の株式数	i
5　主要な取得関連費用の内容および金額	l
6　取得が複数の取引によって行われた場合には、被取得企業の取得原価と取得するに至った取引ごとの取得原価の合計額との差額【ただし、連結財務諸表のみに適用】	k
7　発生したのれんの金額、発生原因、償却方法および償却期間または負ののれん発生益の金額および発生原因	p
8　企業結合日に受け入れた資産および引き受けた負債の額ならびにその主な内訳	m
9　企業結合契約に規定される条件付取得対価の内容および当連結会計年度以降の会計処理方針	j
10　取得原価の大部分がのれん以外の無形固定資産に配分された場合には、のれん以外の無形固定資産に配分された金額およびその主要な種類別の内訳ならびに全体および主要な種類別の加重平均償却期間	n

第6章　M&Aで必要となる注記（シンプルなケース）

| 11 | 取得原価の配分が完了していない場合には，その旨およびその理由 | o |
| 12 | 企業結合が連結会計年度開始の日に完了したと仮定した場合の当連結会計年度の連結損益計算書（連結財務諸表を作成していない会社では，当該事業年度の損益計算書）に及ぼす影響の概算額およびその算定方法（当該影響の概算額に重要性が乏しい場合を除く。） | q |

（注）「記号」欄には，【図表6－2】の「関連」欄で示した記号を付している。

(3) 会社法における注記の取扱い

① 必要な事項と判断されると注記が必要

　会社法に基づく連結計算書類や計算書類は，会社計算規則に基づき作成することが求められます。法務省が一般に公正妥当な企業会計の基準として指定することはないものの，ASBJから公表された各種の会計基準が定める内容を受けて，会社計算規則として開示を必要とする事項が規定化されています。

　会社計算規則の第99条第1項には，注記表に表示する項目が列挙されています。この中に，企業結合会計基準の注記事項を求める規定はありません。しかし，このことをもって，この注記が必須ではないと考えるのは間違いです。なぜなら，注記表に表示する項目の最後に「その他の注記」として包括的な規定が設けられているからです。これに関して，会社計算規則の第106条では，次のとおり規定されています。

> （その他の注記）
> 第百十六条
> 　その他の注記は，第百条から前条までに掲げるもののほか，貸借対照表等，損益計算書等及び株主資本等変動計算書等により会社（連結注記表にあっては，企業集団）の財産又は損益の状態を正確に判断するために必要な事項とする。

　したがって，注記表に表示する項目として明示されていない事項であっても

会社または企業集団の財産または損益の状態を正確に判断するために必要な事項である場合には，連結計算書類や計算書類で注記が求められます。

実際，一般社団法人日本経済団体連合会（経済法規委員会企画部会）の「会社法施行規則及び会社計算規則による株式会社の各種書類のひな型」にも同様の見解が示されています。この中で「その他の注記」に関する記載上の注意として，企業結合・事業分離に関する注記が挙げられているのです。この公表物は連結計算書類や計算書類の実務上のガイドラインとして機能していることから，実務上，必要に応じて企業結合会計基準が求める事項が注記されています。

② 注記すべきでない事項

注記されている事項について，開示事例で多いケースは，連結財務諸表や財務諸表に注記した内容と同様とするものです。その理由として，連結財務諸表規則や財務諸表等規則は企業結合会計基準が求める注記事項をそのまま規定化しているため，それらを簡略化する根拠を持てないからではないかと推測できます。「会社法施行規則及び会社計算規則による株式会社の各種書類のひな型」には連結財務諸表規則や財務諸表等規則が求める注記事項よりも簡略化したものが示される場合があるため，その場合には簡略化する根拠が持てます。しかし，そうしたガイドラインがない以上，企業結合会計基準に基づき注記する他はありません。

ただし，注意すべきは，この後の「3　年度決算の『取得』に関する注記の作り方」で取り上げる暫定的な会計処理が確定したときの注記事項です。具体的には，「企業結合が連結会計年度の開始の日に完了したと仮定した場合の当連結会計年度の連結損益計算書に及ぼす影響の概算額とその算定方法」です。

これは，帳簿記録に基づく財務情報ではなく，一定の仮定に基づき作成された情報です。このような性質の情報は，一般に公正妥当と認められた作成基準に基づいて作成されていないことから，会計監査の対象として適していない性質があります。そのため，連結財務諸表規則では，この概算額の注記が会計監査の対象となっていない場合には，その旨を記載することが求められています。

第6章 M&Aで必要となる注記（シンプルなケース）

　これに対して，会社法に基づく連結計算書類では，連結損益計算書に及ぼす影響の概算額を注記することに支障があります。なぜなら，JICPAから公表されている監査・保証実務委員会実務指針第85号「監査報告書の文例」第15項に，「会社法監査では計算関係書類の注記表に記載された事項について監査の対象から除くという解釈はないとされている」との記載があるからです。これは，連結計算書類の注記事項もすべて会社法監査の対象となることを意味します。金融商品取引法に基づく連結財務諸表の注記のように，会計監査の対象外とはできないのです。そのため，会社法に基づく連結計算書類では，連結損益計算書に及ぼす影響の概算額を注記することが困難な状況にあります。

3　年度決算の「取得」に関する注記の作り方

(1) 注記の特徴

　年度決算における「取得」の注記は，事実を挙げていく事項が多くあるのが特徴です。財務諸表等規則などで要求される注記すべき事項は多いものの，会計処理が適切に行われていれば，注記を作成する時点で検討を要する事項は基本的にありません。また，「取得」の会計処理を行うにあたっての前提や事実，状況などを挙げていくため，文章によって説明が求められる事項が限定されています。よって，作成しやすい注記といえます。

　とはいえ，財務報告に当たって時間的な余裕がない中で注記を作成しなければならない場合も考えられます。そのような場合にも対応できるように，年度決算における「取得」の注記について記載例を示すとともに，そのポイントを解説していきます。

(2) 年度決算における「取得」の注記の記載例

　年度決算の「取得」に関する注記の記載例では，シンプルに理解するために，本章では暫定的な会計処理は考慮しないものを示します。また，これまでの解説のとおり株式を現金で購入したM&Aを想定すると，パーチェス法の適用が

連結財務諸表となるため，連結財務諸表における注記を前提とします。

なお，本書で示す記載例はあくまでも実務上の参考としての位置付けです。画一的，機械的な開示を目的とするものではありません。連結財務諸表に注記する際には，本書の記載例をそのまま利用するのではなく，各社が置かれた環境や発生したM&Aの性質・内容などに応じて適宜，加工・工夫すべき点にご留意ください。

＜記載例で用いた記号の意味＞

- ○ ：数字
- □ ：文字
- ・・・ ：文章

＜記載例＞　年度決算における「取得」の注記

（企業結合等関係）

取得による企業結合

1　企業結合の概要

(1)　被取得企業の名称及びその事業の内容

被取得企業の名称　　株式会社□□□

事業の内容　　　　　□□の製造販売

(2)　企業結合を行った主な理由

・・・(理由)・・・のために行いました。

(3)　企業結合日

平成○年○月○日

(4)　企業結合の法的形式

現金を対価とする株式の取得

(5)　結合後企業の名称

株式会社□□□

(6)　取得した議決権比率

　　100％

　(7)　取得企業を決定するに至った主な根拠

　　現金を対価とした株式取得により，当社が議決権の100％を獲得したためであります。

2　連結財務諸表に含まれている被取得企業の業績の期間

　平成○年○月○日から平成○年○月○日まで

3　被取得企業の取得原価及び対価の種類ごとの内訳

取得の対価	現金	○○○百万円
取得原価		○○○百万円

4　主要な取得関連費用の内容及び金額

　アドバイザリー費用等　○○○百万円

5　発生したのれんの金額，発生原因，償却方法及び償却期間

　(1)　発生したのれんの金額

　　○○○百万円

　(2)　発生原因

　　今後の事業展開によって期待される将来の超過収益力から発生しています。

　(3)　償却方法及び償却期間

　　○年間で均等償却

6　企業結合日に受け入れた資産及び引き受けた負債の額並びにその主な内訳

流動資産	○○○百万円
固定資産	○○○百万円
資産合計	○○○百万円
流動負債	○○○百万円
固定負債	○○○百万円

負 債 合 計　　　　　〇〇〇百万円
 7　のれん以外の無形固定資産に配分された金額及びその主要な種類別の
　　内訳並びに全体及び主要な種類別の加重平均償却期間
　　　　種類　　　　　金額　　　　　加重平均償却期間
　　　　商標権　　　〇〇〇百万円　　　〇年
 8　企業結合が連結会計年度の開始の日に完了したと仮定した場合の当連
　　結会計年度の連結損益計算書に及ぼす影響額の概算額とその算定方法
　　　売 上 高　　　　　　　　　　　〇〇〇百万円
　　　営 業 利 益　　　　　　　　　　〇〇〇百万円
　　　経 常 利 益　　　　　　　　　　〇〇〇百万円
　　　税金等調整前当期純利益　　　　　〇〇〇百万円
　　　親会社株主に帰属する当期純利益　〇〇〇百万円
　　　1株当たり当期純利益　　　　　　〇〇. 〇〇円
（概算額の算定方法）
　企業結合が連結会計年度開始の日に完了したと仮定して算定された売上
高及び損益と，当社の連結財務諸表における売上高及び損益との差額を，
影響の概算額としております。
　なお，当該注記は監査証明を受けておりません。

(3) 注記事項のポイントと事例

① タイトル

　財務諸表等規則や連結財務諸表規則では，「取得による企業結合が行われた場合の注記」を求めています。そのため，企業結合等関係の注記の中で付すタイトルは「取得による企業結合」が適切です。

第6章　M&Aで必要となる注記（シンプルなケース）

② 被取得企業の名称及びその事業の内容

買収される側の企業について記載します。一度のM&Aで複数の企業を買収する場合には，それぞれについて列挙していきます。

③ 企業結合を行った主な理由

この事項は，文章によって記載します。その分量は，1，2行程度で簡潔に記載しているケースもあれば，数十行にわたって詳細に説明しているケースもあります。いずれのケースでも，適時情報開示で記載した内容を要約して，あるいは，そのまま記載しているものと推測されます。

企業結合を行った主な理由は，シナジー効果を得ることに集約されるでしょう。その効果は財務的な観点からは，売上高の増加，コストの削減，あるいは，それらの組み合わせとなります。そのため，この開示事例で多いのは，次に掲げるものとなっています。

- 相互に補完し合うことで，さらなるコスト競争力強化等のシナジー効果の期待
- □□分野の事業拡大
- より積極的な事業展開
- 顧客サービスの一層の向上
- 顧客層の拡大および収益力の向上

④ 企業結合日

企業結合日は，M&Aではクロージング日が相当します。株式を現金で購入するM&Aでは，その購入日が該当します。その他のM&Aの手法が合併なら合併期日，会社分割なら分割期日，株式交換なら株式交換日，株式移転なら株式移転日となります。

記載例のように企業結合日を記載するケースの他に，みなし取得日を記載しているケースやそれらを併記しているケースがあります。これらの記載例とし

て，次のものが挙げられます。

<記載例> みなし取得日だけを記載した注記

```
(3) 企業結合日
   平成〇年〇月〇日（みなし取得日）
```

<記載例> 企業結合日とみなし取得日を併記した注記

```
(3) 企業結合日
   平成〇年〇月〇日（株式取得日）
   平成〇年〇月〇日（みなし取得日）
```

⑤ 企業結合の法的形式

開示事例で多いのは，記載例のように，現金を対価にしていること，また，株式を取得することの2点を盛り込んだものです。単に「株式取得」と記載しているケースも少なからずあります。

⑥ 結合後企業の名称

企業結合に伴って名称が変更される場合には，変更後の名称を記載します。名称が変更されない場合に，「変更はありません。」と記載するケースや，被取得企業の名称をそのまま記載するケースがあります。

また，企業結合後の一定期間が経過して名称を変更した場合には，変更後の名称とともに，「平成〇年〇月〇日付で□□より商号変更」と付記しているケースがあります。

⑦ 取得した議決権比率

記載例では，企業結合でいう「取得」によって獲得した議決権比率のみを記載しています。「企業結合日に取得した議決権比率　〇％」と企業結合日の取

得という時点を明記するケースもあります。

また,「○%（当社間接所有割合：○%）」と間接所有を付記しているケースや,「○%（○%）」と記載するとともに同意している者の所有割合を（ ）外数で記載している旨を付記しているケースもあります。

さらに,段階取得の場合には,開示事例ではビフォー・アフターがわかる形式で記載されたものがあります。具体的には,次のような記載例が挙げられます。

＜記載例＞ 段階取得の経過を記載した注記

```
(6) 取得した議決権比率
    企業結合直前に所有していた議決権比率    ○○.○%
    企業結合日に追加取得した議決権比率      ○○.○%
    取得後の議決権比率                      ○○.○%
```

⑧ 取得企業を決定するに至った主な根拠

開示事例で多いのは,記載例のように,支配を獲得したこと,および,対価が現金であることの2つを盛り込んだものです。

取得企業の決定は,まずは連結会計基準の支配概念を用いて特定し,また,この過程で取得企業が明確にならない場合には企業結合会計基準の第19項から22項に掲げた要素を総合的に勘案していくと説明しました。この決定の順番を踏まえると,支配を獲得した旨を盛り込むことが必要と考えられます。この旨として,記載例の他に次のような事例があります。

・ 子会社化したため
・ 実質的に支配すると認められるため
・ 当社が被取得企業の議決権の過半数を取得するため

また,記載例の想定しているM&Aのように,現金を対価としている場合には取得企業の決定が明瞭です。そのような場合の開示事例で多いのは,対価が現金である旨も併記しているケースです。

⑨　連結財務諸表に含まれている被取得企業の業績の期間

　この注記にあたって「平成○年○月○日～平成○年○月○日」と記載しているケースがあります。しかし，「～」は記号であるため，記載例のように「平成○年○月○日から平成○年○月○日まで」と表記することが適切です。

　また，期間の始点は，支配獲得日が想定されます。ただし，支配獲得日が子会社の決算日以外の日である場合に，その前後いずれかの決算日に支配獲得が行われたものとみなして処理したときには，みなし取得日が始点となります。

　みなし取得日が期末日となる場合には，連結財務諸表に損益が取り込まれません。この場合の記載例として，次のものが挙げられます。

＜記載例＞　被取得企業の業績が含まれない注記

> 2　連結財務諸表に含まれている被取得企業の業績の期間
> 　当連結会計年度末日をみなし取得日としているため，貸借対照表のみを連結していることから，被取得企業の業績は含まれておりません。

　さらに，企業結合会計基準でいう「取得」が行われるまでは持分法が適用されていた場合があります。その場合の記載例には，次のものが挙げられます。

＜記載例＞　持分法が適用されていた場合の注記

> 2　連結財務諸表に含まれている被取得企業の業績の期間
> 　被取得企業は持分法適用関連会社であったため，平成○年○月○日から平成○年○月○日までの業績は持分法による投資損益として計上しております。

⑩　被取得企業の取得原価及び対価の種類ごとの内訳

　外国企業を買収した場合に，金額の表記を外貨建てとするケース，円換算額と外貨建てを併記するケース，外貨建てのみを記載するケースがあります。また，円換算した場合に，「円貨額は平成○年○月末日レートにて換算しており

第6章　M&Aで必要となる注記（シンプルなケース）

ます。」と注記しているケースもあります。

また，条件付取得対価がある場合には，次のような記載例があります。

＜記載例＞　条件付取得対価がある場合の取得原価の注記

3　被取得企業の取得原価及び対価の種類ごとの内訳
　　取得の対価　　　現金　　　　　　　　　　　　　　○○○百万円
　　　　　　　　　　条件付取得対価（公正価値）　　　○○○百万円
　　取得原価　　　　　　　　　　　　　　　　　　　　○○○百万円
---

⑪　被取得企業の取得原価と取得するに至った取引ごとの取得原価の合計金額との差額

記載例には示してはいないものの，段階取得が行われた場合には，連結財務諸表規則に基づき，次の注記が連結財務諸表に必要です。

・　取得企業が取得するに至った取引ごとの取得原価の合計額と当該取得原価を企業結合日における時価で算定した被取得企業の取得原価との差額

この記載例として，次のものが挙げられます。

＜記載例＞　段階取得における差額の注記

5　被取得企業の取得原価と取得するに至った取引ごとの取得原価の合計金額との差額
　　段階取得に係る差益　　○○○百万円
---

⑫　主要な取得関連費用の内容及び金額

この注記では，主要なものの記載を求めています。よって，取得関連費用のすべてを記載する必要はありません。

注意すべきは，取得関連費用の費用処理が必ずしも企業結合日が属する事業年度に行われてはいない点です。取得関連費用は発生した事業年度で費用処理するため，企業結合日が属する事業年度の前の事業年度で費用として計上され

ている可能性があります。そのため，前期に費用計上した金額も集計したうえで，この注記を行う必要があるのです。

取得関連費用として注記されている内容には，記載例に挙げた「アドバイザリー費用等」の他に，次のものもあります。

- デューディリジェンス・アドバイザリー費用等
- アドバイザリー業務に対する報酬
- デューデリィジェンス業務に対する報酬手数料
- 法務アドバイザリー費用等

また，内容の記載を1つではなく，複数としているケースもあります。

なお，「重要性が乏しいため記載を省略しております。」と記載しているケースもあります。

⑬ 発生したのれんの金額

のれんの発生額が求められているため，パーチェス法を適用した際に生じた金額，すなわち，償却を開始する前の金額を記載します。連結貸借対照表に計上された，償却費が控除された残高ではない点に留意が必要です。

なお，外国企業を買収した場合の表記については，「⑩ 被取得企業の取得原価及び対価の種類ごとの内訳」と同様です。

⑭ のれんの発生原因

のれんが発生した原因の開示事例で多いのは，記載例のように「超過収益力」と記載しているケースです。

なお，金融庁が公表した「有価証券報告書レビューの重点テーマ審査及び情報等活用審査の実施結果について」（平成25年度版，平成26年度版）では，のれんおよび負ののれんの発生原因について具体的な内容を全く記載していない事例があったと指摘しています。開示の趣旨を踏まえて，具体的な内容を記載することが適切です。

⑮ のれんの償却方法及び償却期間

記載例では,原則どおり償却していくケースを示しています。これに対して,のれんの金額に重要性が乏しい場合に費用処理することがあります。その場合の記載例として,次のものが挙げられます。

＜記載例＞　のれんを費用処理する場合の注記

> (3)　償却方法及び償却期間
> 　　のれんの金額の重要性が乏しいため,当該のれんが生じた連結会計年度の費用として処理しております。

⑯ 負ののれんが生じた場合

記載例には示してはいないものの,負ののれんが生じた場合には,連結財務諸表規則に基づき,負ののれん発生益の金額と発生原因についての記載が必要になります。具体的には,次のような記載例が挙げられます。

＜記載例＞　負ののれんの注記

> 5　負ののれん発生益の金額及び発生原因
> 　(1)　負ののれん発生益の金額
> 　　　○○○百万円
> 　(2)　発 生 原 因
> 　　　企業結合時の時価純資産額が被取得企業の取得原価を上回ったため,当該差額を負ののれん発生益として認識しております。

⑰ 企業結合日に受け入れた資産及び引き受けた負債の額並びにその主な内訳

ここで記載すべき金額とは,パーチェス法を適用するにあたって配分した取得原価,すなわち,受け入れた資産と引き受けた負債の評価額です。被取得企

業の簿価ではないため，パーチェス法にあたって時価評価された資産や負債については時価評価額によることになります。

また，記載する内訳としては，記載例のように，流動資産や固定資産といった項目レベルで注記しているケースがほとんどです。勘定科目レベルで記載している事例は皆無といってよいでしょう。

⑱ 企業結合契約に規定される条件付取得対価の内容及び当連結会計年度以降の会計処理方針

記載例には示してはいないものの，条件付取得対価がある場合には，連結財務諸表規則に基づき，その内容と会計処理方針についての記載が必要になります。具体的には，次のような記載例が挙げられます。

＜記載例＞ 条件付取得対価の内容と会計処理方針に関する注記

○ 企業結合契約に規定される条件付取得対価の内容及び当連結会計年度以降の会計処理方針
 (1) 条件付取得対価の内容
  クロージング後の特定事業年度における業績等の達成水準に応じて，条件付取得対価を追加で支払うこととなっております。
 (2) 当連結会計年度以降の会計処理方針
  取得対価の追加支払が発生した場合には，取得時に支払ったものとみなして取得価額を修正し，のれんの金額及びのれんの償却額を修正することとしております。

⑲ のれん以外の無形固定資産に配分された金額及びその主要な種類別の内訳並びに全体及び主要な種類別の加重平均償却期間

記載例では，「商標権」と日本の企業結合会計基準で例示されたものを挙げています。ただし，第4章で指摘したとおり，IFRSの実務が反映されているためか，日本基準を採用している企業の開示事例で多いのは「マーケティン

第6章 M&Aで必要となる注記（シンプルなケース）

グ」「顧客」「契約」「技術」といった内容で注記されているケースです。

⑳ 企業結合が連結会計年度の開始の日に完了したと仮定した場合の当連結会計年度の連結損益計算書に及ぼす影響の概算額とその算定方法

＜注記の趣旨＞

　企業結合が行われた結果，被取得企業の業績が企業結合後の企業グループの業績に大きな影響を及ぼす場合があります。売上高の増加に寄与することもあれば，各種利益の増加に寄与することもあります。こうした業績への影響が企業結合を行った年度の期首から及ぶ場合には，前年度の実績や翌年度の業績予想との比較が行いやすくなります。

　しかし，企業結合が年度の途中で行われた場合にはそうした期間比較が行いにくいため，財務諸表の利用者にとって実績の推移や将来の予測に利用しづらい面が否めません。例えば，3月末決算企業がM&Aによって10月から被取得企業の業績を取り込んだとします。すると，M&Aを行った年度の業績には，被取得企業の業績が下半期しか取り込まれていません。このとき，上半期の業績に与える影響が概算でも算定されていると，前年度の実績や翌年度の業績予想との比較が可能になります。そこで，連結損益計算書に及ぼす影響の概算額を開示することが企業結合会計基準や連結財務諸表規則で求められています。

　ただし，連結損益計算書に及ぼす影響の概算額とは，帳簿記録，つまり，企業結合会計基準でいう「取得」の会計処理には基づかない情報です。一定の仮定に基づき作成される「プロフォーマ情報」（Pro-forma）であるため，この注記を行うために追加的な作業が必要となります。

　ただし，連結損益計算書に及ぼす影響の概算額に重要性が乏しい場合を除きます。例えば，支配獲得日またはみなし取得日が期首あるいは期首に近い日である場合で被取得企業の業績をほぼすべて取り込んでいるときには，こうしたプロフォーマ情報が開示されなくても，前年度の実績や翌年度の業績予想との比較に大きな支障をきたしません。このように，連結損益計算書に及ぼす影響の概算額に重要性が乏しい場合には，注記を省略することもあります。

＜注記する内容＞

連結財務諸表規則では，影響の概算額は次に掲げる額のいずれかによるものとしています。なお，ここでいう損益情報とは，営業損益，経常損益，税引前当期純損益，当期純損益および1株当たり当期純損益など，実務的に算定可能な項目とされています。

（ア） 企業結合が連結会計年度開始の日に完了したと仮定して算定された売上高および損益情報と取得企業の連結損益計算書における売上高および損益情報との差額

（イ） 企業結合が連結会計年度開始の日に完了したと仮定して算定された売上高および損益情報

開示事例で多いのは，（ア）の方式で注記しているケースです。

また，この注記が監査証明を受けていない場合には，その旨も記載する必要があります。

＜影響の概算額の算定にあたっての留意事項＞

連結損益計算書に及ぼす影響額の概算額は，3つの基本的な考え方に基づき算定します。それは，（ⅰ）金額的に重要性があると見込まれるものには前提条件を設定すること，（ⅱ）取得企業における恣意的な判断を排除すること，（ⅲ）取得企業が通常の努力で入手可能な情報を使用すること，という考え方になります。これらに即して，企業結合ごとに一定の判断を加えていきます。

なお，金融庁が公表した「有価証券報告書レビューの重点テーマ審査及び情報等活用審査の実施結果について」（平成25年度版，平成26年度版）では，この連結損益計算書に及ぼす影響の概算額について，算定が困難と認められる特段の事情がないにもかかわらず記載していない事例があったと指摘しています。よって，その概算額について合理的な算定が困難であるために記載しない旨の注記には，特段の事情が求められる点に留意が必要です。

＜重要性の判断＞

　連結損益計算書への影響の概算額について，数値基準によるガイドラインは設けられていません。業績推移の把握に役立つ情報を開示するという注記の趣旨に照らして開示の重要性を判断していくことになります。ここで開示の重要性がないと判断された場合に，次のような記載例があります。

＜記載例＞　連結損益計算書への影響の概算額に重要性がない場合の注記

> 7　企業結合が連結会計年度の開始の日に完了したと仮定した場合の当連結会計年度の連結損益計算書に及ぼす影響額の概算額とその算定方法
> 　当該影響の概算額に重要性が乏しいため，記載を省略しております。

(4) 時系列による注記チェックリスト

　企業結合会計基準でいう「取得」に該当するM&Aの注記にあたっては，モレとムダをなくす必要があると説明しました。モレについては，これまで説明したとおり，最終的にどのような内容が注記されるかの全体像いわばフルバージョンを理解することで，作業が不足となる事態を防止できます。一方，ムダについては，これから説明するように，年度決算以外の注記における未確定な事項の省略や一部の簡略を理解することで，不要な作業に資源を割くような不効率を回避できます。

　このように注記の検討をモレなくムダなく行うためには，時系列に沿いながらも最終的な開示が「見える化」されている必要があります。このとき，【図表6－4】で示した「時系列による注記チェックリスト」が役立ちます。

【図表6-4】時系列による注記チェックリスト

(注) 個別財務諸表において，連結財務諸表と同一の内容が記載される旨を記載する前提としている。

#	注記事項	後発事象 記載する	後発事象 記載しない 未確定	後発事象 記載しない N/A・省略	四半期決算 記載する	四半期決算 N/A・省略	年度決算 記載する	年度決算 N/A・省略
1	重要性が乏しい場合の注記の省略（ただし，複数の取引全体に重要性がある場合には，全体の注記が必要）							
2	企業結合の概要							
3	（連結）財務諸表に含まれている被取得企業または取得した事業の業績の期間							
4	被取得企業または取得した事業の取得原価および対価の種類ごとの内訳							
5	株式の種類別の交換比率，その算定方法，交付（予定）の株式数							
6	主要な取得関連費用の内容および金額							
7	段階取得の場合に，被取得企業の取得原価と取得するに至った取引ごとの取得原価の合計額との差額（連結財務諸表のみ適用）							
8	発生したのれんの金額，発生原因，償却方法および償却期間または負ののれん発生益の金額および発生原因							
9	発生したのれん・負ののれん発生益が暫定的に算定された金額である旨							

第6章 M&Aで必要となる注記（シンプルなケース）

10	企業結合日に受け入れた資産および引き受けた負債の額，主な内訳							
11	条件付取得対価の内容，当期以降の会計処理方針							
12	取得原価の大部分がのれん以外の無形固定資産に配分された場合のその金額，主要な種類別の内訳，全体および主要な種類別の加重平均償却期間							
13	取得原価の配分が完了していない旨，その理由							
14	企業結合が当期の開始日に完了したと仮定した場合の当期の連結損益計算書（損益計算書）に及ぼす影響の概算額およびその算定方法（影響の概算額に重要性が乏しい場合を除く）							
15	企業結合に係る暫定的な会計処理が確定した旨，発生したのれん・負ののれんに係る見直しの内容，金額（のれんの注記を省略している場合は不要）							
16	暫定的な会計処理の確定に伴う比較情報の，取得原価の当初配分額の重要な見直しの内容，金額							

時系列による注記チェックリストの使用上の注意を説明します。

まず，連結財務諸表を作成している企業を想定しています。このとき，個別財務諸表において，連結財務諸表と同一の内容が記載される旨を記載する前提としています。

次に，後発事象，四半期決算，年度決算それぞれの注記において開示制度が求める事項ではないものについては，薄いグレーで表示しています。この指示に従うことによって作業のムダをなくすことが可能になります。

また，注記事項のうち「記載する」欄にチェックが付されたものについては，本章で紹介してきた記載例を参考にしながら注記を作成していきます。なお，暫定的な会計処理を行った場合には，後ほど説明する比較情報の取扱いに留意してください。

4　後発事象の注記におけるムダ

(1)　企業結合会計基準による後発事象の発生時点

時間軸の観点からM&Aに関する注記でムダが生じやすい状況として，後発事象の注記に不要な事項に手間をかけてしまうことを挙げていました。これには，2つのムダがあります。1つは後発事象が発生したと認められないにもかかわらず注記を検討してしまうムダであり，もう1つは後発事象の注記として求められていない事項に対応してしまうムダです。まずは，後発事象が発生したと認められないにもかかわらず注記を検討してしまうムダを解説していきます。

M&Aを時間軸で考えたときに，最初に後発事象としての注記が想定されると説明しました。しかし，そもそも後発事象が発生していると認められない状況では，その注記は不要となります。そこで，どのような状況において後発事象としての注記が求められるのかを理解しておく必要があります。

企業結合会計基準では，次に掲げる場合が後発事象の発生時点として示されています。ただし，注記に至るのは，それが重要な後発事象に該当する場合と

なります。
① 貸借対照表日後に完了した企業結合
② 貸借対照表日後に主要条件が合意された企業結合
③ 当事業年度中に企業結合の主要条件が合意されたものの，貸借対照表日までに企業結合が完了していない場合（ただし，重要な後発事象に該当する場合を除く。）

(2) 後発事象の評価終了日

　後発事象の発生時点について実務で留意すべきは，後発事象の検討をいつまで行うかという時点，すなわち，評価終了日です。これは企業会計原則では「財務諸表を作成する日」と規定されているものの，具体的にいつの時点を指すのかまでは明記されていません。また，財務諸表等規則で後発事象の注記が規則化された当時，後発事象の評価終了日については実務慣行に委ねることとなりました。

　現在，その実務慣行として参考となるものに，JICPAから公表されている監査・保証実務委員会報告第76号「後発事象に関する監査上の取扱い」があります。これによれば，後発事象の評価終了日とは，監査法人が提出する監査報告書に記載された日付が該当します。よって，四半期決算の場合には四半期レビュー報告書日が，また，年度決算の場合には監査報告書日が後発事象の評価終了日となります。

　なお，年度決算では後発事象のうち修正後発事象の実質的な打ち切り日が論点となります。ただし，M&Aの注記は修正後発事象ではなく開示後発事象に該当するため，ここでいう年度決算における後発事象の評価終了日は，金融商品取引法に基づく財務諸表に対する会計監査の監査報告書の日付となります。

(3) M&Aに関する後発事象と評価期間

　後発事象を検討すべき状況について，企業結合会計基準で掲げられたものを踏まえると，「M&Aが完了した時点」と「主要条件が合意された時点」とが

キーとなっています。

　後発事象は期末日後に生じた会計事象を指すため，期末日後にM&Aがクロージングした場合には，その時点をもって企業結合会計基準でいう「取得」の会計処理が行われることから，「M&Aが完了した時点」が後発事象の発生時点として取り扱われます。あとはそれが重要かどうかを判断したうえで，重要な後発事象として注記されます。平成15年会計基準では，これだけが重要な後発事象の注記の対象とされていました。

　しかしながら，後発事象の発生時点は，会計事象だけを考えるものではありません。JICPAの監査・保証実務委員会報告第76号「後発事象に関する監査上の取扱い」によれば，次の３つの時点が示されています。

> (a) 新株の発行等のように会社の意思決定により進めることができる事象
> 　……当該意思決定があったとき
> (b) 合併のように会社が他の会社等との合意等に基づいて進めることができる事象
> 　……当該合意等の成立又は事実の公表があったとき
> (c) 災害事故等のように会社の意思に関係のない事象
> 　……当該事象の発生日又は当該事象を知ったとき

　このうち(c)の時点については，買収する側の企業にとって経営者の意思によらずにM&Aが行われることはありえないため，該当しません。

　また，(a)の時点については，一見，いわゆる敵対的買収の場合に該当すると考えるかもしれません。しかし，株主が応じるかどうかが不透明であることから，経営者の意思決定だけではM&Aの実施を確実に予想することは困難です。したがって，この場合には(a)の時点ではなく「M&Aが完了した時点」が適切です。

　残る(b)の時点は，いわゆる友好的買収の場合に該当するものと考えられます。相手先の合意が得られるとM&Aの実施が確実に予想できるため，「M&Aが完了した時点」を待たずに後発事象が発生したと考えることができます。した

がって,「主要条件が合意された時点」が適切なケースがあります。なお,この時点は重要な投資判断情報であるとして,平成20年改正会計基準から後発事象の発生時点として明記されています。

さらに,平成20年改正会計基準では,「当事業年度中に企業結合の主要条件が合意されたものの,貸借対照表日までに企業結合が完了していない場合」も後発事象の発生時点として明記されました。これについては,次の解説の中で説明していきます。

(4) M&Aに関する後発事象にはならない時点

後発事象を検討すべき状況として,「M&Aが完了した時点」と「主要条件が合意された時点」とがキーとなっていると説明しました。これらは友好的買収を前提とすると,先に合意日があり,次に完了日がある順番となります。これらの時点と後発事象の評価期間とを組み合わせると,次の6つのケースが考えられます。なお,四半期決算の場合には,「期末日」を「四半期末日」に読み替えます。

① 評価終了日より後に合意日があるケース

1つ目のケースは,M&Aの主要条件に関する合意日が後発事象の評価終了日より後に発生している場合です。後発事象の発生時点がその評価期間よりも後であるため,後発事象には該当しません。よって,後発事象の注記は不要です。

② 評価期間内に合意日だけが含まれるケース

2つ目のケースは,期末日後から後発事象の評価終了日までの間に,M&Aの主要条件に関する合意日だけが含まれる場合です。このケースでは,M&Aの完了が後発事象の評価終了日より後になるものの,M&Aの主要条件に関する合意日をもって後発事象が発生したと考えます。

このように合意日をもって後発事象の発生時点と捉える趣旨は,翌事業年度

の財務諸表に影響を及ぼすことが確実に予測できるために，M&Aの完了日を待つ必要がないからです。よって，企業結合会計基準が示すとおり，「主要条件が合意された時点」をもって後発事象を注記します。

③ 評価期間内に合意日と完了日が含まれるケース

3つ目のケースは，期末日後から後発事象の評価終了日までの間に，M&Aに関する合意日とM&Aの完了日のいずれもが含まれる場合です。この場合は明らかに後発事象の注記が必要となります。

④ 評価期間内に完了日だけが含まれるケース

4つ目のケースは，M&Aに関する合意日が期末日以前にあり，また，期末日後から後発事象の評価終了日までの間には完了日のみが含まれる場合です。この場合も明らかに後発事象の注記が必要となります。

⑤ 評価期間の前後に合意日と完了日があるケース

5つ目のケースは，期末日以前に合意日がある一方で，完了日が後発事象の評価終了日後にある場合です。企業結合会計基準でいう「当事業年度中に企業結合の主要条件が合意されたものの，貸借対照表日までに企業結合が完了していない場合」を指します。このただし書きには「重要な後発事象に該当する場合を除く」とあるため，企業結合会計基準に掲げられている「貸借対照表日後に完了した企業結合」には該当しない場合であることが読み取れます。

企業結合以外の会計事象の場合には，このケースは後発事象の評価期間中に発生していないため，後発事象に該当しないものとして取り扱われます。ただし，重要な事象と判断される場合には，追加情報として注記することが適当とされています。こうした考え方は，JICPAから公表されている監査・保証実務委員会実務指針第77号「追加情報の注記について」に基づくものです。

しかし，企業結合会計基準では，このケースも後発事象として取り扱うことになります。企業結合以外の会計事象とは取扱いが異なる点に留意が必要です。

第6章 M&Aで必要となる注記（シンプルなケース）

⑥ 評価期間以前に合意日と完了日とが含まれるケース

6つ目のケースは，M&Aに関する合意日とその完了日のいずれもが期末日以前に含まれる場合です。この場合には，M&Aに関する会計処理が財務諸表に反映されているため，後発事象としての注記は不要です。ただし，企業結合会計基準でいう「取得」の注記が必要となります。

【図表6-5】 M&Aに関する後発事象の注記が必要なケース・不要なケース

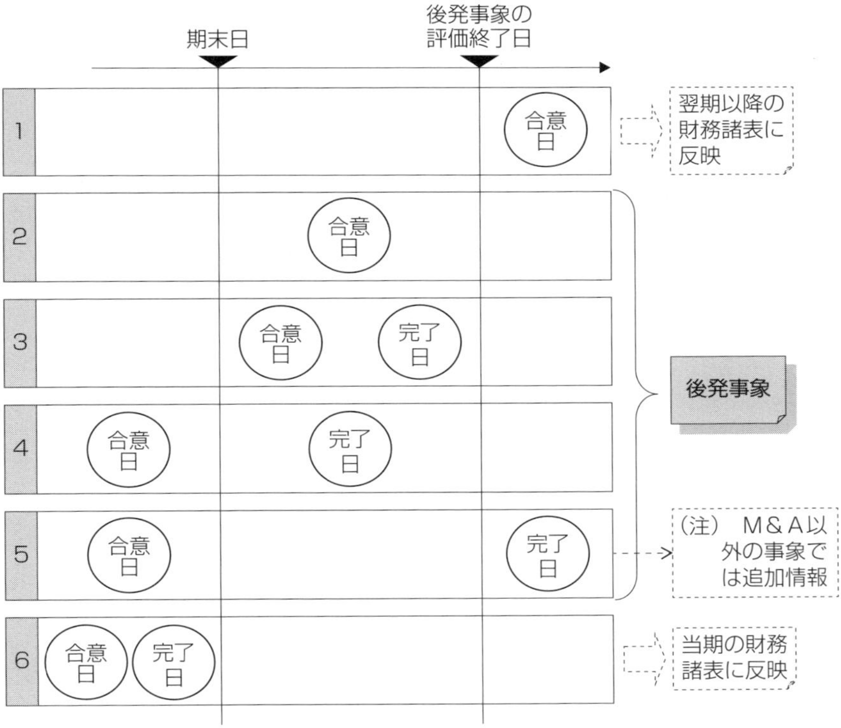

ケース	内容	備考
1	後発事象の評価終了日より後に合意日	翌期以降の財務諸表に反映
2	期末日と評価終了日の間に合意日	後発事象
3	期末日と評価終了日の間に合意日・完了日	後発事象
4	期末日以前に合意日，期末日と評価終了日の間に完了日	後発事象
5	期末日以前に合意日，評価終了日付近に完了日	（注）M&A以外の事象では追加情報
6	期末日以前に合意日・完了日	当期の財務諸表に反映

155

(5) 重要な後発事象の注記のうち不要な事項

① 開示制度が求める注記

M&Aに関する後発事象の注記のもう1つのムダである，後発事象の注記として求められていない事項に対応してしまうことについて説明します。

M&Aに関する後発事象として注記する内容は，企業結合会計基準に規定されています。それは，基本的に財務諸表等規則および連結財務諸表規則に反映されています。年度の開示制度では，企業結合会計基準でいう「取得」に関する（連結）財務諸表における注記として，次の記載を求めています。

【図表6－6】 開示制度が求める「取得」の後発事象注記の一覧

注 記 事 項
1　企業結合の概要
(1)　被取得企業の名称および事業の内容（事業を取得した場合は，相手企業の名称および取得した事業の内容）
(2)　企業結合を行った主な理由
(3)　企業結合日
(4)　企業結合の法的形式
(5)　結合後企業の名称
(6)　取得した議決権比率
(7)　取得企業を決定するに至った主な根拠
2　被取得企業または取得した事業の取得原価および対価の種類ごとの内訳
3　取得の対価として株式を交付した場合には，株式の種類別の交換比率およびその算定方法ならびに交付または交付予定の株式数
4　主要な取得関連費用の内容および金額
5　取得が複数の取引によって行われた場合には，被取得企業の取得原価と取得するに至った取引ごとの取得原価の合計額との差額【ただし，連結財務諸表のみに適用】
6　発生したのれんの金額，発生原因，償却方法および償却期間または負ののれん発生益の金額および発生原因
7　企業結合日に受け入れた資産および引き受けた負債の額ならびにその主な内訳

第6章 M&Aで必要となる注記（シンプルなケース）

8	企業結合契約に規定される条件付取得対価の内容および当連結会計年度以降の会計処理方針
9	取得原価の大部分がのれん以外の無形固定資産に配分された場合には、のれん以外の無形固定資産に配分された金額およびその主要な種類別の内訳ならびに全体および主要な種類別の加重平均償却期間

② 重要な後発事象の注記のうち不要な事項

M&Aを重要な後発事象として注記する場合、財務諸表等規則および連結財務諸表規則で求める「取得」の注記と比べると次の4点が不要となります。

不要①	財務諸表に含まれている被取得企業または取得した事業の業績の期間

これは、後発事象が期末日後に生じた会計事象であることから、当期の財務諸表には含まれていないために注記が不要となります。

不要②	取得原価の配分が完了していない場合には、その旨およびその理由

これは、不要④の未確定の事項についての取扱いを踏まえると、後発事象の注記の時点では取得原価の配分の完了までを必ずしも求めていないために注記が不要とされているものと推測されます。

不要③	企業結合が連結会計年度開始の日に完了したと仮定した場合の当連結会計年度の連結損益計算書（連結財務諸表を作成していない会社では、当該事業年度の損益計算書）に及ぼす影響の概算額およびその算定方法

これは、後発事象が翌期に生じる会計事象であることから、比較情報とは関係がないために注記が不要となります。

不要④	その他の事項で未確定の場合

特に「主要条件が合意された時点」をもって後発事象の注記を行う場合にはM&Aがまだ完了していないため、注記事項のうち確定していないものが想定されます。そのため、こうした取扱いが設けられたものと考えられます。

ここに挙げた取扱いは，年度決算として明記されているものとなります。一方で，四半期決算でM&Aに関する後発事象を注記する場合も考えられます。ところが，企業結合会計基準や四半期連結財務諸表規則には，四半期決算における後発事象の取扱いが示されていません。四半期連結財務諸表における「取得」の注記で簡略された事項を除き，基本的には年度決算における後発事象の注記と同様に取り扱うことが適当と考えられます。

(6) 後発事象の注記の記載例

① 記 載 例

後発事象の注記の記載例について，年度決算の「取得」に関する注記の記載例と同様に，連結財務諸表における注記を前提としたものを示します。

＜記載例＞　年度決算における「取得」の後発事象の注記

（重要な後発事象）

株式の取得による子会社化

　平成○年○月○日に開催された取締役会において，当社は株式会社□□□の株式を取得して子会社化することを決議しました。また，平成○年○月○日付で株式を取得したことにより子会社化しました。

(1) 企業結合の概要

　① 被取得企業の名称及びその事業の内容

　　　被取得企業の名称　　株式会社□□□

　　　事業の内容　　　□□の製造販売

　② 企業結合を行った主な理由

　　　・・・(理由)・・・のために行いました。

　③ 企業結合日

　　　平成○年○月○日

④ 企業結合の法的形式

現金を対価とする株式の取得

⑤ 結合後企業の名称

株式会社□□□

⑥ 取得した議決権比率

100％

⑦ 取得企業を決定するに至った主な根拠

現金を対価とした株式取得により，当社が議決権の100％を獲得したためであります。

(2) 被取得企業の取得原価及び対価の種類ごとの内訳

取得の対価	現金	○○○百万円
取得原価		○○○百万円

(3) 主要な取得関連費用の内容及び金額

アドバイザリー費用等　　○○○百万円

(4) 発生したのれんの金額，発生原因，償却方法及び償却期間

① 発生したのれんの金額

○○○百万円

② 発 生 原 因

今後の事業展開によって期待される将来の超過収益力から発生しています。

③ 償却方法及び償却期間

○年間で均等償却

(5) 企業結合日に受け入れた資産及び引き受けた負債の額並びにその主な内訳

流 動 資 産	○○○百万円
固 定 資 産	○○○百万円
資 産 合 計	○○○百万円

```
        流 動 負 債         ○○○百万円
        固 定 負 債         ○○○百万円
        負 債 合 計         ○○○百万円
(6) のれん以外の無形固定資産に配分された金額及びその主要な種類別の
    内訳並びに全体及び主要な種類別の加重平均償却期間
        種類          金額          加重平均償却期間
        商標権      ○○○百万円           ○年
```

② 注記事項のポイントと事例

　ここでは,「＜記載例＞年度決算における「取得」の注記」で解説した事項以外について取り扱います。

　まず,タイトルには,具体的な内容を記載することが望まれます。一口に後発事象といっても注記される内容はさまざまなため,後発事象として何が記載されるかが予測しやすいようなタイトルを付すことによって,財務諸表の利用者が理解しやすくなります。また,記載例の他に,年度決算における「取得」の注記のように,タイトルを「取得による企業結合」とすることも考えられます。

　次に,後発事象の注記では,冒頭に後発事象が生じた旨を記載するケースがよくあります。

　また,企業結合日については,後発事象の評価終了日までに株式の取得が完了していない場合には,記載した日付に「(予定)」と付記しているケースがあります。

　さらに,後発事象として注記すべき事項が未確定のものについては,記載を不要とする取扱いがあります。その場合の記載例として,次のものが挙げられます。

第6章　M&Aで必要となる注記（シンプルなケース）

＜記載例＞　後発事象のうち未確定の事項に関する注記

(4) 発生したのれんの金額，発生原因，償却方法及び償却期間
　　現時点では確定しておりません。
(5) 企業結合日に受け入れた資産及び引受けた負債並びにその主な内訳
　　現時点では確定しておりません。

③　JICPAの報告書の取扱いに注意

　我が国では，企業会計原則の規定を除けば，後発事象に関する会計基準が存在しません。そこで，JICPAから公表されている監査・保証実務委員会報告第76号「後発事象に関する監査上の取扱い」が実務上のガイドラインとして機能している面があります。M&Aに関しても，「株式取得による会社等の買収」「重要な株式交換，株式移転」「重要な合併」などの場合において開示する事項が例示されています。

　しかし，この報告書の最終改定日が平成21年7月8日のため，企業結合会計基準の最新の取扱いが反映されていません。企業結合会計基準では重要な後発事象の発生時点や注記事項が明確に定められています。その中には，JICPAの報告書の例示には挙げられていない事項も要求されています。また，財務諸表等規則でもそれを反映して規則化しています。なお，連結財務諸表規則は，財務諸表等規則の規定に準じることを求めています。

　したがって，M&Aに関する後発事象については，企業結合会計基準や財務諸表等規則の取扱いに従って注記しなければ，必要とされる事項が網羅されないことになります。

5 四半期連結財務諸表の注記におけるムダ

(1) 四半期開示制度が求める注記

　時間軸の観点からM&Aに関する注記でムダが生じやすい状況として，四半期連結財務諸表の注記として簡略されている事項まで検討してしまうことを挙げていました。四半期報告制度では，開示の迅速性の観点から，一部の会計処理や注記について簡略化した取扱いが認められています。そのため，年度決算と同様の注記を行うべきと勘違いすると，必要以上の負担となる可能性があるのです。要求された以上に開示することは否定されていないものの，財務報告の作成の負担を考慮すると，こうした作業は減らしたいところでしょう。

　M&Aを実施した注記に関する四半期決算上の取扱いは，企業結合会計基準には示されていません。それが規定されているのは，「四半期財務諸表に関する会計基準」および「四半期財務諸表に関する会計基準の適用指針」（以下，これらを合わせて「四半期会計基準等」という。）です。これらの内容は，基本的に四半期財務諸表等規則および四半期連結財務諸表規則に反映されています。こうした四半期開示制度によれば，企業結合会計基準でいう「取得」に関する四半期連結財務諸表における注記として，【図表6－7】に掲げた記載が求められます。

【図表6－7】　四半期開示制度が求める「取得」の注記一覧

注　記　事　項
1　企業結合の概要
(1)　被取得企業の名称および事業の内容（事業を取得した場合は，相手企業の名称および取得した事業の内容）
(2)　企業結合を行った主な理由
(3)　企業結合日
(4)　企業結合の法的形式
(5)　結合後企業の名称

第6章　M&Aで必要となる注記（シンプルなケース）

(6)	取得した議決権比率
(7)	取得企業を決定するに至った主な根拠
2	四半期連結累計期間に係る四半期連結損益計算書に含まれる被取得企業または取得した事業の業績の期間
3	被取得企業または取得した事業の取得原価および対価の種類ごとの内訳
4	取得の対価として株式を交付した場合には，株式の種類別の交換比率およびその算定方法ならびに交付または交付予定の株式数
5	取得が複数の取引によって行われた場合には，被取得企業の取得原価と取得するに至った取引ごとの取得原価の合計額との差額【ただし，四半期連結財務諸表のみに適用】
6	発生したのれんの金額，発生原因，償却方法および償却期間または負ののれん発生益の金額および発生原因

　なお，【図表6-7】で企業結合の概要として挙げられている「取得企業を決定するに至った主な根拠」は，四半期会計基準等では記載を求める事項として挙げられていません。しかし，M&Aを実施した注記について，四半期財務諸表等規則や四半期連結財務諸表規則のガイドラインが財務諸表等規則に関するガイドラインを準用しているため，四半期開示制度の下では年度決算と同様に企業結合の概要を注記することが適当です。したがって，「取得企業を決定するに至った主な根拠」についても記載することになります。

(2) 四半期会計基準等で簡略される注記

　四半期決算で実施したM&Aでは，年度決算で求める「取得」の注記から次の6点が不要となります。

簡略①	主要な取得関連費用の内容および金額
簡略②	企業結合日に受け入れた資産および引き受けた負債の額ならびにその主な内訳

163

簡略③	企業結合契約に規定される条件付取得対価（企業結合契約において定められる企業結合契約締結後の将来の事象または取引の結果に依存して追加的に交付または引き渡される取得対価をいう。）の内容および当該事業年度以降の会計処理方針
簡略④	取得原価の大部分がのれん以外の無形固定資産に配分された場合には，のれん以外の無形固定資産に配分された金額およびその主要な種類別の内訳ならびに全体及び主要な種類別の加重平均償却期間
簡略⑤	取得原価の配分が完了していない場合には，その旨およびその理由
簡略⑥	企業結合が連結会計年度開始の日に完了したと仮定した場合の当連結会計年度の連結損益計算書（連結財務諸表を作成していない会社では，当該事業年度の損益計算書）に及ぼす影響の概算額およびその算定方法

後発事象の注記と比較すると，簡略⑤と⑥は後発事象と同様に記載が求められていない事項になります。一方，簡略①から④は後発事象の注記では記載が求められるところ，四半期開示制度では簡略された取扱いによって注記が不要となっています。

また，後発事象の注記にはなく四半期連結財務諸表で追加となっている記載に，「四半期連結累計期間に係る四半期連結損益計算書に含まれる被取得企業または取得した事業の業績の期間」があります。これは，後発事象の注記を行う連結会計年度や事業年度では取得の会計処理がまだ行われていないために，該当がありません。なお，年度決算では同様の注記が規定されています。

(3) 四半期決算における「取得」の注記の記載例

① 記載例

四半期決算における「取得」に関する注記の記載例について，年度決算の「取得」に関する注記の記載例と同様に，連結財務諸表における注記を前提としたものを示します。

第6章　M&Aで必要となる注記（シンプルなケース）

＜記載例＞　四半期決算における「取得」の注記

（企業結合等関係）

取得による企業結合

1　企業結合の概要
　(1)　被取得企業の名称及びその事業の内容
　　　被取得企業の名称　　　株式会社□□□
　　　事業の内容　　　　　　□□の製造販売
　(2)　企業結合を行った主な理由
　　　・・・（理由）・・・のために行いました。
　(3)　企業結合日
　　　平成○年○月○日
　(4)　企業結合の法的形式
　　　現金を対価とする株式の取得
　(5)　結合後企業の名称
　　　株式会社□□□
　(6)　取得した議決権比率
　　　100％
　(7)　取得企業を決定するに至った主な根拠
　　　現金を対価とした株式取得により，当社が議決権の100％を獲得したためであります。
2　四半期連結累計期間に係る四半期連結損益計算書に含まれる被取得企業の業績の期間
　　平成○年○月○日から平成○年○月○日まで
3　被取得企業の取得原価及び対価の種類ごとの内訳

取得の対価	現金	○○○百万円
取得原価		○○○百万円

> 4 発生したのれんの金額，発生原因，償却方法及び償却期間
> (1) 発生したのれんの金額
>   ○○○百万円
> (2) 発 生 原 因
>   今後の事業展開によって期待される将来の超過収益力から発生しています。
> (3) 償却方法及び償却期間
>   ○年間で均等償却

 注記事項のポイントと解説は，「＜記載例＞年度決算における「取得」の注記」と同様です。

 なお，開示事例には，「主要な取得関連費用の内容及び金額」といった簡略が認められている事項を開示しているケースがあります。これは，四半期決算で注記を要する事項とは最小限の項目を掲げたものであるため，簡略しない開示を否定するものではないからです。その趣旨に照らすと，簡略できる注記事項のうち開示が可能なものについては，四半期決算においても注記しておく対応が望まれます。

6　各種規則の不慣れに関するムダ

(1) 個別財務諸表への注記の省略

① 原則的な取扱い

 各種規則の不慣れに関する1つ目のムダである，個別財務諸表では省略できる注記を記載してしまうことについて説明します。

 実施したM&Aの内容によっては，連結財務諸表と個別財務諸表の両方に注記が必要となります。例えば，合併といったM&Aでは，パーチェス法が個別財務諸表から適用となるため，連結財務諸表だけではなく個別財務諸表にも

第6章　M&Aで必要となる注記（シンプルなケース）

「取得」に関する注記が必要です。また，相手先企業の株式を現金で購入するM&Aでも，すでに子会社となった相手先企業の株式を追加取得する場合には，「共通支配下の取引等」に関する注記が連結財務諸表と個別財務諸表とに必要です。このように，M&Aを実施した場合に，原則として，連結財務諸表と個別財務諸表に同じ内容の注記を記載することになります。

② 省略する取扱い

M&Aを実施した場合に求められる注記は，連結財務諸表と個別財務諸表の両方に同じ内容を記載することが原則と説明しました。ただ，この原則では，同じ内容であるにもかかわらず，連結財務諸表にも個別財務諸表にも一定の文量のある注記を記載することになります。

そこで企業結合会計基準では，個別財務諸表において，連結財務諸表に同じ内容の注記がある旨を記載することによって，「取得」に関する注記に代替できる取扱いを認めています。これによれば，個別財務諸表で詳細な注記を省略することができるのです。財務諸表等規則でも，次のとおり同様な規定を設けています。

> 連結財務諸表において同一の内容が記載される場合には，記載することを要しない。この場合には，その旨を記載しなければならない。

なお，四半期開示制度では，四半期連結財務諸表か四半期財務諸表のいずれかを開示することから，こうした取扱いを規定する必要がありません。

このように，連結財務諸表と個別財務諸表において同じ内容が注記されるときに個別財務諸表で注記の省略ができる規定を明記している会計基準は，企業結合会計基準の他に多くあるものではありません。他の注記事項にこうした省略規定がないため，連結財務諸表に記載がある旨の記載をもって注記を省略する事例を見かけることは少ないでしょう。

同じ内容の注記について一方の記載を省略できると，開示面で後退することなく，開示ボリュームを減らすことができます。これによって開示におけるエ

ラーを減らす効果が得られるため，実務として活用するメリットがあります。しかし，こうした省略の取扱いが設定されているにもかかわらず，それを知らずに連結財務諸表と個別財務諸表の両方に同じ内容の注記を記載することは，いたずらに開示上のエラーの確率を上げることになりかねません。修正による手戻りを回避するためには，注記の省略規定を積極的に活用していくこともひとつの方法です。

③ 省略規定を用いた場合の記載例

年度決算において，M&Aを実施した注記が連結財務諸表の注記と個別財務諸表の注記とで同じ内容となる場合には，個別財務諸表において，連結財務諸表に記載がある旨を記載することで同じ内容をあらためて注記する必要がなくなります。開示事例からは，例えば次のように記載している事例があります。

＜記載例＞　連結財務諸表において同一の内容が記載される旨

> （企業結合等関係）
> 取得による企業結合
> 　連結財務諸表の「注記事項（企業結合等関係）」に同一の内容を記載しているため，注記を省略しております。

④ 実務対応

実務として回避すべき点は，省略規定を知らずに財務報告のドラフトで連結財務諸表と個別財務諸表の両方に同じ内容を注記してしまうことです。そのためには，決算前における経理部門内のミーティングで開示の方針を決定し共有する対応が考えられます。

多くの企業では，こうした決算前のミーティングは行っているかと推測されます。ただし，その内容が会計処理にとどまらずに，注記の仕方も含めた財務報告として協議されていることが重要です。そうした場で，注記の省略規定を適用するかどうかまで決定されていると，作成担当者はその方針に従いドラフ

第6章　M&Aで必要となる注記（シンプルなケース）

トを作成するのみです。内部統制の構築では、統制をデザインしたうえで期待どおりの運用を行っていきます。同じように財務報告でも、開示の方針を決定したうえで期待どおりの作成を行うのです。タイトな決算日程の中で、できるだけムダな作業を回避して重要な箇所に注力できるようなマネジメントが財務報告にも求められます。

(2) 比較情報における前期の注記の取扱い

① 前期の注記は不要

各種規則の不慣れに関する2つ目のムダである、前期に注記した内容を比較情報に記載してしまうことについて説明します。比較情報とは、財務諸表等規則の第6条で「当事業年度に係る財務諸表（附属明細表を除く。）に記載された事項に対応する前事業年度に係る事項」と定義されています。

結論としては、前期に開示した「取得」の注記は、当期の比較情報で記載する必要はありません。実務では、つい当期の比較情報に、前期に開示したとおりの内容を記載しがちです。しかし、比較情報の性質に照らすと、それは不要です。

② 考え方

比較情報の取扱いは、会計基準で明記されていません。それは財務諸表等ガイドラインなどの開示制度で示されています。財務諸表等規則ガイドラインでは、次のとおり、比較情報として開示が必要な事項が規定されています。連結財務諸表規則ガイドラインにも同様の定めがあります。

> 1　当事業年度に係る財務諸表において記載されたすべての数値について、原則として、対応する前事業年度に係る数値を含めなければならない。
> 2　当事業年度に係る財務諸表の理解に資すると認められる場合には、前事業年度に係る定性的な情報を含めなければならない。

169

比較情報を定量情報と定性情報とに分けたうえで，定量情報については比較情報として開示するのに対して，定性情報は「財務諸表の理解に資すると認められる」かどうかを判断したうえで開示を決定することが求められています。これについて金融庁総務企画局企業開示課の課長補佐と専門官による解説では，企業結合等に関する注記は，その性質が比較情報制度になじまないため，一般的には前期に対応する事項の注記が不要と考えられる項目であるとの見解が示されています。

　確かに，企業結合等に関する注記には定量情報が含まれるため，財務数値を補足する情報としての側面があるのは事実です。そのため，さきほどのガイドラインに基づき比較情報として開示すべきと考えるかもしれません。

　しかし，企業結合等に関する注記は，非経常的な特定の取引に関する開示という側面が強いという性質があります。例えば，前期にA社を買収した注記を開示していた場合に，これを比較情報として取り扱ったとしても，当期に別のB社を買収した注記と直接比較することはできません。よって，当期の財務諸表の理解に資するとは認められないのです。

　もちろん，個々のM&Aによっては，前期に実施したものであっても，当期の財務諸表の理解に資する場合があるかもしれません。そのような場合には，企業結合等に関する注記としてではなく，追加情報として開示することが適当です。また，追加情報として開示する場合であっても，企業結合等の注記で求められる事項のすべてを必ずしも開示する必要はありません。

　したがって，企業結合会計基準でいう「取得」の注記を前期に記載していた場合に，当期の比較情報としてそれを記載することは不要と考えられています。

③　実務対応

　財務報告のドラフトを作成した時点で，前期に注記した内容を比較情報に記載してしまっては，その修正のために手戻りが生じてしまいます。これを事前に防止するには，ドラフトの作成に着手する前に作成者に伝達しておく対応が考えられます。具体的には，経理部門における決算前のミーティングにおいて，

第6章　M&Aで必要となる注記（シンプルなケース）

前期に開示した「取得」に関する注記を当期の比較情報として取り扱わないことを共有することが挙げられます。このように，事前に開示すべき内容や開示しない内容について，事前に方針を協議し決定しておくことが有益です。

(3) 「取得」が行われていない四半期会計期間の取扱い

① 注記するのは四半期会計期間のみ

各種規則の不慣れに関する3つ目のムダである，M&Aが生じていない四半期会計期間に注記を記載してしまうことについて説明します。

結論から言えば，企業結合会計基準でいう「取得」が行われていない四半期"会計"期間には，そのM&Aを実施した注記は不要です。企業結合会計基準でいう「取得」に関する注記が求められるのは，それが四半期連結"会計"期間に行われた場合であって，四半期連結"累計"期間ではありません。実務で間違いやすいところです。

例えば，第1四半期決算において「取得」に該当するM&Aを行ったため，第1四半期に係る四半期連結財務諸表に「取得」に関する注記を記載したとします。暫定的な会計処理を行っていないとすると，第2四半期に係る四半期連結財務諸表には，その注記をあらためて記載する必要はありません。第1四半期に行った注記は，第2四半期や第3四半期に係る四半期連結財務諸表に繰り返して記載しなくてもよいのです。なお，年度決算では，再度，「取得」に関する注記が必要となります。

こうした取扱いは，「四半期財務諸表に関する会計基準の適用指針」で重要な企業結合に関する事項の注記を求める第66項で「取得とされた重要な企業結合を行った四半期会計期間において記載が求められる注記」と規定されているとおり，四半期"会計"期間と明記されていることが根拠となります。また，四半期開示制度でも，四半期連結財務諸表規則第20条で「当四半期連結会計期間において他の企業又は企業を構成する事業の取得による企業結合が行われた場合」と規定されているとおり，四半期連結"会計"期間における注記が求め

られています。

　このように四半期連結会計期間に生じた「取得」についてのみ注記を求められているのは，M&Aを実施した注記が非経常的な特定の取引に関する性質であるため，あえて繰り返して開示する意義が乏しいと考えられたものと推測されます。

② 実務対応

　企業結合会計基準でいう「取得」に該当するM&Aを実施した場合，暫定的な会計処理を行っていない限り，四半期決算では「取得」が生じた四半期会計期間を含む四半期決算のときにだけ注記が必要となります。それを整理したものが【図表6－8】です。

【図表6－8】 「取得」の注記が必要な決算時期の整理

M&Aの実施時期	第1四半期決算	第2四半期決算	第3四半期決算	年度決算
第1四半期会計期間	●	－	－	●
第2四半期会計期間	－	●	－	●
第3四半期会計期間	－	－	●	●
第4四半期会計期間	－	－	－	●

（注）　●印は「取得」に関する注記が必要であることを示す。

　実務対応としては，四半期連結財務諸表のドラフトを作成する前に，「取得」の注記が必要となる四半期決算がいつなのかについて決算資料などで整理しておくことが挙げられます。また，「取得」が行われていない四半期連結"会計"期間では，その注記を記載しないように注意しておく必要もあります。

第7章　M&Aで必要となる注記
　　　　（暫定的な会計処理，追加取得）

- シンプルなケース以外の注記
- 暫定的な会計処理を行った場合の注記
- 追加取得の注記

第7章　M&Aで必要となる注記（暫定的な会計処理，追加取得）

1　シンプルなケース以外の注記

本章では，パーチェス・ジャーニーの第三幕の中で，暫定的な会計処理と追加取得に関する注記を解説していきます。

企業結合会計基準でいう「取得」に該当する場合でシンプルなケースの注記については，第6章で説明しました。一方，本章では，暫定的な会計処理が行われた場合に必要となる注記について取り扱っていきます。

また，M&Aに関する注記のうち追加取得は，企業結合会計基準で「共通支配下の取引等」として取り扱われています。そのため，第6章とは別の内容も求められているため，それについても取り扱っていきます。

【図表7-1】　パーチェス・ジャーニー第三幕（暫定的な会計処理，追加取得）

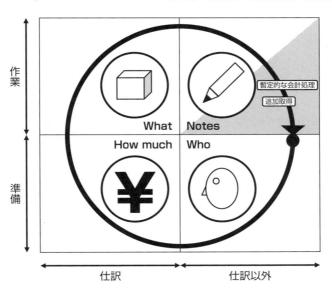

2　暫定的な会計処理を行った場合の注記

(1)　時系列に応じて注記の内容が異なる

　これまで注記すべき事項についてシンプルに理解するために，企業結合に係る暫定的な会計処理は行われていないものとして解説してきました。しかし現実には，M&Aを実施した時点で取得原価の配分が完了しないために，暫定的な会計処理を行う場合も当然ながらあり得ます。

　この場合には，開示制度上，年度決算においては財務諸表等規則や連結財務諸表規則に基づく注記が，また，四半期決算においては四半期連結財務諸表規則に基づく注記が必要になります。ただし，企業結合に係る暫定的な会計処理の実施と確定は当然ながら時系列で生じるため，年度決算と四半期決算のそれぞれに注記する状況が十分に想定されます。ところが，四半期決算では注記が簡略化されているため，年度決算とは同じ内容では注記されません。この注記内容のギャップによって，記載すべき内容が変わります。また，実務上のポイントとなるのが，比較情報の取扱いです。

(2)　年度決算で求められる注記

①　暫定的な会計処理が行われた年度

年度決算において企業結合に係る暫定的な会計処理が行われた場合には，財務諸表等規則または連結財務諸表規則に基づき，次の内容を注記します。

| 注記a | 取得原価の配分が完了していない旨，および，その理由 |

＜記載例＞　暫定的な会計処理が行われた場合の年度注記

　（○）取得原価の配分
　　当連結会計年度末において，企業結合日における識別可能な資産及び負

第7章　M&Aで必要となる注記（暫定的な会計処理，追加取得）

> 債の特定並びに時価の算定が未了であるため，取得原価の配分が完了していません。よって，その時点で入手可能な合理的情報に基づき暫定的な会計処理を行っています。

なお，金融庁が公表した「有価証券報告書レビューの重点テーマ審査及び情報等活用審査の実施結果について」（平成25年度版，平成26年度版）では，暫定的な会計処理を行っている旨の記載はあるものの，配分が完了していない具体的な理由の記載がない事例があったと指摘しています。どのような理由によって取得原価の配分が完了していないのかについて，具体的に記載することを漏らさないようにする必要があります。

②　暫定的な会計処理が確定した年度

企業結合会計基準では，企業結合に係る暫定的な会計処理は1年以内に確定することを求めています。したがって，暫定的な会計処理を行った連結会計年度（または事業年度）の翌期の連結財務諸表（または財務諸表）では，暫定的な会計処理の確定に伴って当初の取得原価の配分が見直されていることになります。これに関して，財務諸表等規則または連結財務諸表規則では，次の注記を求めています。

注記b	取得原価の当初配分額についての重要な見直しの内容，および，金額

この取得原価の配分の見直しは企業結合日に遡及するため，暫定的な会計処理の確定が行われた連結会計年度（または事業年度）における比較情報では確定が行われたかのように会計処理が行われます。つまり，この注記は比較情報についての説明ともいえます。

<記載例> 暫定的な会計処理の確定が行われた場合の年度注記

取得による企業結合

（企業結合に係る暫定的な処理の確定）

　平成○年○月○日に行われた□□□との企業結合について，前連結会計年度において暫定的な会計処理を行っておりましたが，当連結会計年度において次のとおりに確定しております。

修正科目	のれんの修正金額
のれん（修正前）	○○○百万円
無形固定資産	△○○○百万円
繰延税金負債	○○○百万円
修正金額合計	△○○○百万円
のれん（修正後）	○○○百万円

(3) 四半期決算で求められる注記

① 暫定的な会計処理が行われた四半期会計期間

　四半期決算において企業結合に係る暫定的な会計処理が行われた場合には，四半期連結財務諸表規則に基づき，次の内容を注記します。

注記 c	のれんの金額または負ののれん発生益の金額が暫定的に算定された金額である旨

　四半期決算では，年度決算と同様に，発生したのれんまたは負ののれんに関する注記が求められます。しかし，注記を簡略する取扱いによって，注記 a の「取得原価の配分が完了していない旨，および，その理由」についての記載が求められていません。

　取得原価の配分は，結果としてのれんまたは負ののれんの金額に影響が及びます。そこで四半期決算では，発生したのれんまたは負ののれんに関する注記

に付随する形で，企業結合に係る暫定的な会計処理が行われた旨の注記を求めたものと推測されます。

＜記載例＞　暫定的な会計処理が行われた場合の四半期注記

> ○　発生したのれんの金額，発生原因，償却方法及び償却期間
> (1)　発生したのれんの金額
> 　　　○○○百万円
> 　　　なお，発生したのれんの金額は取得原価の配分が完了していないため，暫定的に算定された金額であります。
> （以下，省略）

②　暫定的な会計処理が確定した四半期会計期間

　四半期決算において企業結合に係る暫定的な会計処理が確定する場合があります。その場合には，四半期連結財務諸表規則に基づき，次の内容を注記します。ただし，企業結合に係る取引に重要性が乏しいことを理由に四半期決算における企業結合に関する注記を省略したときには，これは不要です。

注記d	・暫定的な会計処理が確定した旨 ・のれんの金額または負ののれん発生益の金額に係る見直しの内容，および，金額

　四半期決算では，企業結合に係る暫定的な会計処理の確定がどの時点で行われるかが特定できません。これは，暫定的な会計処理を行った年度の翌期には必ずその確定が行われる年度決算と異なる点になります。そのため，四半期会計期間において暫定的な会計処理の確定が行われた場合には，その確定の旨の記載が求められているものと考えられます。なお，この旨の記載は，四半期会計基準等ではなく，四半期連結財務諸表規則で求められる事項となっています。

　また，四半期決算で企業結合に係る暫定的な会計処理が行われた場合には，注記を簡略化する取扱いの都合上，発生したのれんまたは負ののれんに関する

注記に付随する形で注記をしていました。それとの関連で，暫定的な会計処理の確定についても，のれんまたは負ののれんを見直した内容とその金額についての注記が求められています。

＜記載例＞　暫定的な会計処理が確定した場合の四半期注記

（企業結合等関係）

取得による企業結合

(1)　企業結合に係る暫定的な会計処理の確定

　　平成○年○月○日に行われた□□との企業結合について，第1四半期連結会計期間において暫定的な会計処理を行っておりましたが，当第2四半期連結会計期間に確定しております。

　　当第2四半期連結会計期間における取得原価の配分の見直しによるのれんの修正金額は，次のとおりです。

修正科目	のれんの修正金額
のれん（修正前）	○○○百万円
無形固定資産	△○○○百万円
繰延税金負債	○○○百万円
修正金額合計	△○○○百万円
のれん（修正後）	○○○百万円

(2)　発生したのれんの金額，発生原因，償却方法及び償却期間

　　（略）

(3)　のれん以外の無形固定資産に配分された金額及びその主要な種類別の内訳並びに主要な種類別の償却期間

　　（略）

---

　③　比較情報に関する取扱い

　年度決算では，企業結合に係る暫定的な会計処理を行った年度の翌期には必ずそれが確定するため，年度注記bが自ずと比較情報についての説明にもなり

第7章 M&Aで必要となる注記（暫定的な会計処理，追加取得）

ました。しかし，四半期決算では，比較情報として記載する前年同期の四半期決算ではその企業結合がまだ行われていない場合もあります。そこで比較情報として記載する財務数値に遡及している場合には，四半期連結財務諸表規則に基づき，次の内容を注記します。

注記 e	比較情報における取得原価の当初配分額の重要な見直しの内容，および，金額

＜記載例＞　暫定的な会計処理が確定した場合の比較情報に関する四半期注記

（企業結合等関係）

比較情報における取得原価の当初配分額の重要な見直し

平成○年○月○日に行われた□□□との企業結合について前連結会計年度において暫定的な会計処理を行っておりましたが，第1四半期連結会計期間に確定しております。

この暫定的な会計処理の確定に伴い，当第3四半期連結累計期間の四半期連結財務諸表に含まれる比較情報において取得原価の当初配分額に重要な見直しが反映されており，その内容は次のとおりです。

修正科目	のれんの修正金額
のれん（修正前）	○○○百万円
無形固定資産	△○○○百万円
繰延税金負債	○○○百万円
修正金額合計	△○○○百万円
のれん（修正後）	○○○百万円

この結果，前連結会計年度末ののれんが○○○百万円減少し，無形固定資産が○○○百万円増加，及び繰延税金負債が○○○百万円それぞれ増加しております。

また，前第3四半期連結累計期間の四半期連結損益計算書は，減価償却費が○○○百万円増加し，のれんの償却費が○○○百万円減少し，営業利

益,経常利益及び税金等調整前四半期純損失がそれぞれ○○○百万円減少しております。

④ 年度決算との注記の関連

このように,年度決算と四半期決算とでは,注記内容にギャップがあります。これをまとめると,【図表7-2】のとおりです。

【図表7-2】 暫定的な会計処理に関する年度注記と四半期注記の関連

	暫定的な会計処理	暫定的な会計処理の確定	
年度決算	注記a 取得原価の配分未了の旨,理由	注記b 取得原価の当初配分額の重要な見直しの内容,金額	
四半期決算	注記c のれん・負ののれんが暫定的な金額の旨	注記d ・暫定的な会計処理が確定した旨 ・のれん・負ののれんの見直しの内容,金額	注記e 比較情報における取得原価の当初配分額の重要な見直しの内容,金額

開示制度のもとで暫定的な会計処理に関して求められる注記は,年度決算では取得原価の配分が完了したかどうかで記載するのに対して,四半期決算ではのれんまたは負ののれんの金額に付随した形で記載します。よって,注記事項として記載する項目が変わってきます。ただし,これについては大きな論点にはなりません。

(4) 比較情報の取扱い

企業結合に係る暫定的な会計処理に関する注記で実務上のポイントとなるの

第7章　M&Aで必要となる注記（暫定的な会計処理，追加取得）

は，比較情報の取扱いです。具体的には，①四半期決算における記載の仕方と，②当期中に暫定的な会計処理の実施と確定がある場合とが挙げられます。

①　四半期決算における記載の仕方

暫定的な会計処理の確定に伴って遡及される比較情報は，年度決算の場合には前期末の財務数値となります。一方，四半期決算の場合の比較情報は，前年同四半期の財務数値，前期末の財務数値，あるいは，その両方となります。

暫定的な会計処理の実施から確定までの期間が年度末をまたぐ場合には，前年同四半期に暫定的な会計処理を行う対象の企業結合がそもそも実施されていなければ，四半期決算において前期末の財務数値だけが遡及の対象となります。また，前年同四半期に暫定的な会計処理が行われていれば，四半期決算において前期末の財務数値だけではなく，前年同四半期の財務数値も遡及の対象になります。これに対して，確定までの期間が年度末をまたがない場合には，翌期の四半期決算において前年同四半期の財務数値が遡及の対象となることはあっても，前期末の財務数値は対象になりません。さらに，前期の四半期会計期間に暫定的な会計処理を行った場合で，当期の四半期会計期間にその確定が行われたときに，翌期の四半期会計期間に比較情報の注記が必要となるケースもあります。

このように，四半期決算においては，暫定的な会計処理を行った時点やそれが確定した時点によって，比較情報の注記の仕方が異なります。

②　当期中に暫定的な会計処理の実施と確定がある場合

企業結合に係る暫定的な会計処理の実施から確定までの期間が年度末をまたがない場合に，年度決算としてどのように注記するかの論点があります。当期のある四半期会計期間で暫定的な会計処理を行った場合で，当期のその後の四半期会計期間でその確定を行ったときには，四半期決算で求められる注記で対応することになります。しかし，同様の場合に，当期のいわゆる第4四半期会計期間でその確定を行ったときには，年度決算での注記の取扱いが明記されて

いません。

　ここで，年度決算だけでみたときに暫定的な会計処理が行われていないため，暫定的な会計処理に関する注記は不要とする考え方があります。確かに，財務諸表等規則や連結財務諸表規則で求める比較情報の注記は，①企業結合に係る暫定的な会計処理が前期に行われたこと，また，②その確定に伴って取得原価の当初配分額に重要な見直しが当期に行われたこと，の2つを要件としています。したがって，当期中に暫定的な会計処理が実施され，かつ，確定した場合には，①の要件を満たさないため，比較情報の注記は不要と考えられます。

　ただ実務では，年度決算の注記として，暫定的な会計処理が第4四半期会計期間で確定した旨を簡潔に記載している事例があります。四半期注記との整合を考慮してか，のれんの金額または負ののれん発生益の金額に付随した形で記載が行われています。

　この方式によれば年度決算と四半期決算との関係が明瞭になるため，有益な開示であると考えられます。この方式の記載例は，次のとおりです。

＜記載例＞　当期中に暫定的な会計処理が実施・確定した場合の年度注記

○　発生したのれんの金額，発生原因，償却方法及び償却期間
①　発生したのれんの金額
　　○○○百万円
　暫定的な会計処理の確定により，発生したのれんの金額を上記の金額に修正しております。
（以下，省略）

　この他に，次のように暫定的な会計処理を行った四半期会計期間を示した記載もあります。

　第○四半期連結会計期間末においては，取得原価の確定及び配分について，入手可能な情報に基づき暫定的な会計処理を行っておりましたが，当連結会計年度末において，取得原価の確定及び配分は完了しております。

第7章 M&Aで必要となる注記(暫定的な会計処理,追加取得)

これらの注記についてパターン別に整理したものが,【図表7-3】です。

【図表7-3】 暫定的な会計処理に関する注記パターン

		前期				当期				翌期			
		第1四半期	第2四半期	第3四半期	第4四半期	第1四半期	第2四半期	第3四半期	第4四半期	第1四半期	第2四半期	第3四半期	第4四半期
パターン1	事象	暫定	確定										
	注記	c	d			e-q							
パターン2	事象	暫定		確定									
	注記	c		d		e-q	e-q						
パターン3	事象	暫定			確定								
	注記	c			f	e-q	e-q	e-q					
パターン4	事象	暫定				確定							
	注記	c				a	d, e-q y	e-q y	e-q y	b			
パターン5	事象		暫定	確定									
	注記		c	d			e-q						
パターン6	事象		暫定		確定								
	注記		c		f	e-q	e-q						
パターン7	事象		暫定			確定							
	注記		c			a	d, e-y	e-q y	e-q y	b			
パターン8	事象		暫定				確定						
	注記		c			a	d, e-q y	e-q y	b	e-q			
パターン9	事象			暫定	確定								
	注記			c	f		e-q						
パターン10	事象			暫定		確定							
	注記			c	a	d, e-y	e-y	e-q y					
パターン11	事象			暫定			確定						
	注記			c	a	d, e-y	e-q y	b	e-q				
パターン12	事象			暫定				確定					
	注記			c	a			d, e-q y	e-q	e-q			
パターン13	事象				暫定	確定							
	注記				a	d	e-y	e-y					
パターン14	事象				暫定		確定						
	注記				a		d	e-y	b	e-q			
パターン15	事象				暫定			確定					
	注記				a			d	b	e-q	e-q		
パターン16	事象				暫定				確定				
	注記				a				b	e-q	e-q	e-q	

(注)1 「事象」欄のうち,「暫定」とは暫定的な会計処理が適用された時点を,また,「確定」とは暫定的な会計処理の確定が行われた時点を指す。
 2 「注記」欄に記載された記号は,次の内容を指す。
  a :(年度注記としての)取得原価の配分未了の旨,理由
  b :(年度注記としての)取得原価の当初配分額の重要な見直しの内容,金額
  c :(四半期注記としての)のれん・負ののれんが暫定的な金額の旨
  d :(四半期注記としての)暫定的な会計処理が確定した旨,および,のれん・負ののれんの見直しの内容,金額
  e-q :(四半期注記としての)比較情報における取得原価の当初配分額の重要な見直しの内容,金額(前年同四半期分)
  e-y :(四半期注記としての)比較情報における取得原価の当初配分額の重要な見直しの内容,金額(前期末分)
  e-q y:(四半期注記としての)比較情報における取得原価の当初配分額の重要な見直しの内容,金額(前年同四半期分と前期末分)
  f :(年度注記としての)暫定的な会計処理が確定した旨(ただし,任意)

3 追加取得の注記

(1) 注記の要否検討

　子会社株式を追加取得した場合には，企業結合会計基準でいう「取得」と同様に，財務諸表への注記が求められます。このとき，実務的には，追加取得の注記に重要性があるかどうかの検討が重要になると考えられます。なぜなら，すでに支配を獲得しているため，追加取得による議決権割合は決して多くはなく，また，その結果として取得原価も多額にならない結果，連結財務諸表に与える影響が軽微なケースが想定されるからです。

　このように追加取得の取引について重要性が乏しいと判断される場合には，連結財務諸表規則に基づき，追加取得の注記を省略することができます。したがって，そもそも注記を作成する作業が不要となる場合があるのです。もっとも，連結会計年度における複数の追加取得が全体として重要性がある場合には，全体としての注記が必要となるため，留意が必要です。

(2) 注記の3つのポイント

　追加取得に関する注記を作成するにあたって，3つのポイントがあります。それは，①共通支配下の取引等の注記をベースとすること，②追加取得に固有の注記事項があること，③年度の連結財務諸表には持分変動の注記が必要なこと，の3点です。

①　共通支配下の取引等の注記をベースとすること

　子会社株式を追加取得した場合にも，企業結合会計基準でいう「取得」と同様に，財務諸表への注記が求められます。この注記にあたって注意すべきは，すでに支配を獲得した後に行う非支配株主との取引であるため，企業結合会計基準では「共通支配下の取引等」として取り扱われる点です。そのため，注記すべき内容は，「取得」に関する注記で記載する事項と共通するものはあるも

のの，すべてが同じではありません。

年度および四半期の開示制度では，追加取得に関する注記として，【図表7－4】に示した内容の記載を求めています。

【図表7－4】開示制度が求める「追加取得」の注記の一覧

注記事項
1　取引の概要
（1）結合当事企業または対象となった事業の名称および当該事業の内容
（2）企業結合日
（3）企業結合の法的形式
（4）結合後企業の名称
（5）その他取引の概要に関する事項（取引の目的を含む。）
2　実施した会計処理の概要
3　被取得企業または取得した事業の取得原価および対価の種類ごとの内訳
4　取得の対価として株式を交付した場合には，株式の種類別の交換比率およびその算定方法ならびに交付または交付予定の株式数
5　企業結合契約に規定される条件付取得対価の内容および当連結会計年度以降の会計処理方針【四半期は不要】
6　非支配株主との取引に係る連結財務諸表提出会社の持分変動に関する事項（非支配株主との取引によって増加または減少した資本剰余金の主な変動要因および金額をいう。） 【ただし，年度の連結財務諸表のみに適用】

② 追加取得に固有の注記事項があること

ポイントの①で共通支配下の取引等の注記をベースすると説明したものの，子会社株式を追加取得した場合には，プラスアルファの記載が求められます。つまり，追加取得に固有の注記事項があるのです。それは，次の3点です。

固有①	被取得企業または取得した事業の取得原価および対価の種類ごとの内訳

固有②	取得の対価として株式を交付した場合には，株式の種類別の交換比率およびその算定方法ならびに交付または交付予定の株式数

固有③	企業結合契約に規定される条件付取得対価の内容および当連結会計年度以降の会計処理方針

　これらは，追加取得ではない「共通支配下の取引等」の注記には記載が求められないため，漏れが生じないように注意が必要です。なお，この3点のうち固有③については，四半期連結財務諸表の注記で省略することができます。

③　年度の連結財務諸表には持分変動の注記が必要なこと

　平成25年改正の企業結合会計基準および連結会計基準によって，子会社株式の追加取得における投資と資本の相殺消去差額は，資本剰余金として処理することに変更されました。これを受けて，次の事項が年度の連結財務諸表に限って注記が必要とされています。

必要	非支配株主との取引に係る連結財務諸表提出会社の持分変動に関する事項（非支配株主との取引によって増加または減少した資本剰余金の主な変動要因および金額をいう。）

　なお，この注記は，四半期決算では省略できます。また，年度の個別財務諸表では，非支配株主に関する会計処理が行われないため，この注記はそもそも不要です。

(3)　追加取得の注記の記載例

　追加取得の注記の記載例について，連結財務諸表における注記を前提としたものを示します。

第7章 M&Aで必要となる注記(暫定的な会計処理,追加取得)

＜記載例＞ 年度決算における「追加取得」の注記

（企業結合等関係）
共通支配下の取引等
 子会社株式の追加取得
1 取引の概要
 (1) 結合当事企業の名称及びその事業の内容
   結合当事企業の名称　　株式会社□□□（当社の連結子会社）
   事業の内容　　　　　　□□の製造販売
 (2) 企業結合日
   平成〇年〇月〇日
 (3) 企業結合の法的形式
   非支配株主からの株式取得
 (4) 結合後企業の名称
   変更ありません。
 (5) その他取引の概要に関する事項
   ・・・(目的)・・・を目的としております。
2 実施した会計処理の概要
 「企業結合に関する会計基準」（企業会計基準第21号　平成25年9月13日）及び「企業結合会計基準及び事業分離等会計基準に関する適用指針」（企業会計基準適用指針第10号　平成25年9月13日）に基づき，共通支配下の取引等のうち非支配株主との取引として処理しております。
3 子会社株式の追加取得に関する事項
  取得原価及び対価の種類ごとの内訳

取得の対価	現金	○○○百万円
取得原価		○○○百万円

4 非支配株主との取引に係る当社の持分変動に関する事項
 (1) 資本剰余金の主な変動要因

> 　　　子会社株式の追加取得
> (2) 非支配株主との取引によって減少した資本剰余金の金額
> 　　　○○○百万円

(4) 注記事項のポイントと事例

ここでは,「＜記載例＞年度決算における「取得」の注記」で解説した事項と比較して説明していきます。

① タイトル

財務諸表等規則や連結財務諸表規則では,「共通支配下の取引等の注記」を求めています。そのため,企業結合等関係の注記の中で付すタイトルは「共通支配下の取引等の注記」が適切です。ただし,共通支配下の取引等は,企業集団内における企業結合である「共通支配下の取引」と非支配株主との取引とを含んだ用語であるため,そのどちらかが明瞭になるような工夫が望まれます。開示事例で多いのは,記載例のように「子会社株式の追加取得」とするケースです。

② 取引の概要

ここに記載する「(1) 結合当事企業の名称及びその事業の内容」「(2) 企業結合日」「(4) 結合後企業の名称」は,「＜記載例＞年度決算における「取得」の注記」で解説した事項と変わるところはありません。

一方,「(3) 企業結合の法的形式」の開示事例で多いのは,記載例のように「非支配株主からの株式取得」とするケースです。

また,「(5) その他取引の概要に関する事項」の開示事例で多いのは,グループ経営の一体運営を強化することによって事業の効率化や競争力の向上を図る旨を開示しているケースです。

この「(5) その他取引の概要に関する事項」の開示事例で着目したいのが,

第7章　M&Aで必要となる注記（暫定的な会計処理，追加取得）

追加取得した議決権比率に言及しているケースです。確かに，共通支配下の取引等の注記には，取得の注記とは異なり，取得した議決権比率の記載が明示されていません。これは，すでに支配を獲得しているため議決権比率についての重要性が相対的に低いと判断されたからなのかもしれません。

しかし，重要性があると判断された結果として追加取得の注記が行われていることを踏まえると，1株当たりの購入単価が異常に高い場合を除き，相応の議決権比率を獲得したものと推測されます。そうであれば取得した議決権比率を記載することは情報開示として有益であると考えられます。もちろん，開示書類のうち追加取得の注記以外の箇所で，その子会社に対して有する議決権比率が掲載されている場合には，情報開示として不足はないでしょう。ただ，追加取得について説明している注記と同じ箇所に取得した議決権比率も併記することで，開示書類の利用者は理解しやすくなります。したがって，「(5)　その他取引の概要に関する事項」で議決権比率に言及することに検討の余地があるものと考えます。

この議決権比率について，次のような記載例があります。

＜記載例＞　議決権比率に言及した追加取得の注記

> (5)　その他取引の概要に関する事項
> 　　追加取得した株式の議決権比率は○○．○％です。当該追加取得は，・・・（目的）・・・のために行ったものであります。

③　実施した会計処理の概要

この注記事項は，「取得」に関する注記にはないものです。文章によって説明しているものの，開示事例では記載例に示したような定型文が用いられています。

④　子会社株式の追加取得に関する事項

この注記事項に記載する内容は，「取得」の注記のうち「被取得企業の取得原価及び対価の種類ごとの内訳」と同様です。よって，「＜記載例＞年度決算

における「取得」の注記」で解説した事項と変わるところはありません。

⑤ 非支配株主との取引に係る当社の持分変動に関する事項

　この注記は，年度の連結財務諸表に限って必要とされるものです。このうち「(1)　資本剰余金の主な変動要因」の開示事例で多いのは，子会社株式の追加取得であることがわかるような記載です。また，「(2)　非支配株主との取引によって減少した資本剰余金の金額」は，追加取得の会計処理に基づき記載します。

#　おわりに

　先日，ある会社のCFOから，こんな話を聞きました。

「前にM&Aを行ったときにさあ，会計の実務書を探したんだけど，入門書か特定分野の専門書になって，ちょうど良い実務書がないんだよね〜」

　この言葉が，本書を執筆した目的を最も端的に表しています。現在，出版されているM&A業務に関連した書籍といえば，契約関連や財務や法務などのデュー・ディリジェンスといったM&A全体の一部分である専門的な領域を解説したものが多くを占めています。その中で会計分野となると，研究書や企業結合会計の全般的な解説，もしくは詳細な税務の取扱いとなります。M&A会計をダイレクトに解説した実務書が極めて少ない状況です。
　しかし，M&Aに不慣れな会社の管理担当役員や経理担当者にとっては，M&A会計の実務書が必要です。急遽，M&Aが行われると知らされたときには，M&A会計の実務的なエッセンスを短時間で得たいと考えるはずです。そうした人々に向けて，M&A会計の実務に必要な基礎的な事項を提供することを目的に本書を執筆しました。

　本書では，図表「パーチェス・ジャーニー」を活用しながら，それにマッピングされた各論点について順を追って学ぶ構成としました。これによって，M&A会計に必要な会計処理から注記までの一連の流れとポイントが理解できます。この執筆にあたって留意した点は，(1)M&A会計に特化していること，(2)実務に照らした内容であること，(3)基礎的な論点を押さえていること，の3つです。

(1) M&A会計に特化していること

本書は，企業結合会計を全般的に解説したものではありません。確かに，M&A会計は企業結合会計に基づくところが多いのは事実です。しかし，企業結合会計の基準や指針には，M&Aとは関係しない「共同支配企業の形成」や「共通支配下の取引」に関する規定も含まれています。

また，M&A会計は，企業結合会計だけではなく，連絡会計をはじめとして各種の会計の基準にも基づく必要もあります。つまり，企業結合会計を取り扱うだけでは，M&A会計の説明として過不足が生じるのです。

そこで，M&A会計に必要な取扱いにフォーカスして一冊の本としてまとめました。

(2) 実務に照らした内容であること

本書では，実務にとって必要となる事項に重点を置いて解説しています。一般に，会計基準は，個別具体的な取引だけに絞り込まずに，実務で生じるさまざまな取引にある程度対応できるように設定されています。基準にはそのような抽象性が求められます。

ただ，実務書としては，頻繁に行われている事柄を中心とした解説のほうが役立ちます。なぜなら，直接関係しない枝葉の論点に入り込まずに済むからです。限られた時間の中であえて遠回りする必要はなく，ゴールに直結するものを望むでしょう。

そこで本書では，M&Aの実態を開示事例から分析したうえで，頻出するM&Aの手法を想定して解説しました。

(3) 基礎的な論点を押さえていること

本書では，M&A会計についての基礎的な論点を中心として解説しています。M&A会計として適切な会計処理や注記を行うためには，企業結合会計や連結会計の意図を理解しておく必要があります。しかし，単に会計基準の規定を紹介するにとどまっていては，その達成は困難です。

おわりに

　そこで本書では，どのようなM&Aでも必要とされる取扱いの趣旨や改正の背景などについて，基準の文言を超えた解説もしています。

　これらのポイントを押さえた実務的な解説こそが，自身の会計士としての経験を踏まえたときに提供できる価値と考えています。パーチェス・ジャーニーを活用することによって，M&A会計の実務に関する基礎的な論点を理解できるように工夫しました。M&A会計の全体像を把握したうえで，遠回りすることなく必要な論点にダイレクトに辿り着けるはずです。

　本書がこうして形となったのは，これまで会計監査や財務デュー・ディリジェンスなどの現場で私を支えてくれた多くの仲間たちや先輩のおかげです。また，出版の機会をつくっていただいた方々とのご縁にも恵まれました。さらに，公認会計士である池上由香氏や岩渕誠氏，西田友洋氏，増田和年氏からは，貴重なプライベートの時間を使って，初稿に至らない段階の原稿に対して実務的なアドバイスやコメントを頂戴しました。この場を借りて御礼申し上げます。

　このような想いを乗せたパーチェス・ジャーニーによって，M&A会計に携わる人たちが適正な財務報告というゴールに辿り着けることを信じています。

　平成29年12月

公認会計士　竹村純也

＜参考文献＞

1　基準書等
(1) 企業会計基準委員会
- 企業会計基準第12号「四半期財務諸表に関する会計基準」最終改正：平成26年5月16日
- 企業会計基準第21号「企業結合に関する会計基準」最終改正：平成25年9月13日
- 企業会計基準第22号「連結財務諸表に関する会計基準」最終改正：平成25年9月13日
- 企業会計基準適用指針第10号「企業結合会計基準及び事業分離等会計基準に関する適用指針」最終改正：平成25年9月13日
- 企業会計基準適用指針第14号「四半期財務諸表に関する会計基準の適用指針」最終改正：平成26年5月16日
- 企業会計基準適用指針第22号「連結財務諸表における子会社及び関連会社の範囲の決定に関する適用指針」最終改正：平成23年3月25日
- 「企業結合会計の見直しに関する論点の整理」平成21年7月10日
- リサーチ・ペーパー第1号「のれんの償却」2015年1月
- 企業会計基準委員会による修正会計基準第1号「のれんの会計処理」2015年6月30日
- 公益財団法人財務会計基準機構　企業会計基準委員会の第91回から第272回に関する審議資料（うち企業結合に関する部分）

(2) 日本公認会計士協会
- 会計制度委員会報告第7号「連結財務諸表における資本連結手続に関する実務指針」最終改正：平成26年11月28日
- 会計制度委員会報告第14号「金融商品会計に関する実務指針」最終改正：平成28年3月25日
- 監査・保証実務委員会報告第76号「後発事象に関する監査上の取扱い」最終改正：平成21年7月8日
- 監査・保証実務委員会実務指針第77号「追加情報の注記について」最終改正：平成23年3月29日
- 会計制度委員会研究資料第4号「時価の算定に関する研究資料～非金融商品の時価算定～」平成25年7月9日

(3) 一般社団法人日本経済団体連合会
- 経済法規委員会企画部会「会社法施行規則及び会社計算規則による株式会社の各種書類のひな型（改訂版）」2016年3月9日
- 金融・資本市場委員会企業会計部会「のれんの会計処理に関するアンケート結果の整理」2017年2月20日

2 書　　籍
- 加藤有治『日本買い　外資系M＆Aの真実』日本経済新聞出版社　2016年
- 公益財団法人財務会計基準機構（編集）『季刊会計基準』（vol. 43、2013.12）第一法規
- 斎藤静樹（編）『逐条解説　企業結合会計基準』中央経済社　2004年
- 榊原英夫『のれん会計と減損会計』同文舘出版　2015年
- 竹村純也『後発事象の実務』中央経済社　2012年
- 中央青山監査法人研究センター（編集）『企業結合会計基準ガイドブック─「意見書」の総合解説と実務適用』中央経済社　2004年
- デロイト　トーマツ　ファイナンシャルアドバイザリー合同会社（編集）『M＆A　無形資産評価の実務（第3版）』清文社　2016年
- 中村聡一『企業買収の焦点』講談社　2005年
- 橋本尚・山田善隆『IFRS会計学基本テキスト（第5版)』中央経済社　2017年
- 布施伸章『第3版　詳解　組織再編会計Q＆A』清文社　2017年
- 松岡寿史『よくわかる企業結合会計基準』中央経済社　2003年
- 森生明『バリュエーションの教科書』東洋経済新報社　2016年

3 論　文　他
- 秋葉賢一「IFRSと全部のれん－経済的単一説との関係－」『週刊経営財務』24.6.18　No. 3069
- 小形健介「米欧におけるのれん会計の政治化問題」『企業会計』2017　Vol. 69　No. 3
- 金融庁「有価証券報告書レビューの重点テーマ審査及び情報等活用審査の実施結果について」（平成25年度版、平成26年度版）
- 小堀一英「企業結合等組織再編に関する会計基準の実務ポイント」『企業会計』2010　Vol. 62　No. 3
- 徳重晶宏・中村慎二「過年度遡及会計基準適用後の連結財務諸表・財務諸表の作成上の留意点」『旬刊経理情報』　2012.4.10（No. 1311）
- 豊田俊一「企業結合により受け入れた研究開発の途中段階の成果の会計処理等について」『企業会計』(2008年　Vol. 60　No. 11)、中央経済社
- 西田俊之「企業結合会計の見直しが実務に与える影響」『企業会計』2008　Vol. 60　No. 6
- 向伊知郎「連結基礎概念からみた企業結合会計の論点」『企業会計』2008　Vol. 60　No. 6
- 安原明弘「『企業結合会計基準』等改正案における実務上の留意点」『企業会計』2013　Vo. 65　No. 6
- 山地範明「連結基礎概念からみた我が国連結会計基準の矛盾」『会計・監査ジャーナル』No. 697　AUG. 2013

以　上

索　　引

〔あ行〕

アーンアウト（Earn out）条項 ……… 44
アドバイザリーに支払う報酬や手数料
　……………………………………… 38
一体取引 …………………………… 121
インカム・アプローチ ……………… 57
親会社説 …………………………… 99

〔か行〕

過度の保守主義 …………………… 85
株式交換日 ………………………… 36
株式購入のパターンと会計上の論点 … 94
関連会社株式 ……………………… 96
企業結合に係る特定勘定 ……… 62, 63
企業結合 …………………………… 7
企業結合日 ………………………… 35
技術に基づく無形資産 …………… 70
逆取得 ……………………………… 29
共通支配下の取引 ………………… 8
共通支配下の取引等 ……………… 8
共同支配企業の形成 ……………… 8
経済的単一体説 …………………… 99
芸術関連無形資産 ………………… 70
契約に基づく無形資産 …………… 70
合意公表日 ………………………… 36
購入のれん方式 …………………… 98
合理的に算定された価額 ………… 57
子会社株式（完全子会社）………… 95
子会社株式（非完全子会社）……… 94
子会社判定チェックリスト ………… 24

顧客関連無形資産 ………………… 70
コスト・アプローチ ………………… 57
コンバージェンス・プロジェクト …… 13

〔さ行〕

暫定的な会計処理 ………………… 71
時価が一義的に定まりにくい資産 … 58
識別可能資産および負債 ………… 53
市場価格 …………………………… 56
支配概念 …………………………… 20
支払プレミアム …………………… 99
資本剰余金 ……………………… 116
修正国際基準 ……………………… 14
取得 ……………………………… 9, 37
取得関連費用 …………………… 37, 141
取得企業 …………………………… 19
取得企業の決定 …………………… 19
取得企業の決定の順番 …………… 29
取得原価の算定 …………………… 33
取得原価の算定の基本原則 ……… 34
取得原価の配分 …………………… 53
条件付取得対価 …………………… 45
全部のれん方式 …………………… 99
全面時価評価法 ………………… 108
その他有価証券 …………………… 95

〔た行〕

第三国基準の同等性評価に関する
　技術的助言 ……………………… 13
大規模工場用地や近郊が開発されて
　いない郊外地 …………………… 58

退職給付に係る負債	58	パーチェス法	10
段階取得	95	比較情報	169
追加取得	97	非支配株主持分	98
追加情報	154	被取得企業	19
適正な帳簿価額	61	1つの報告単位	7
デューディリジェンス	38	PPA	53
等価交換	35	負ののれん	80
東京合意	13	部分時価評価法	109
		プロフォーマ情報	145
		ヘッジ会計	60

〔な行〕

のれん ………………………… 14, 80

〔は行〕

バーゲン・パーチェス ………………… 88
パーチェス・ジャーニー …… 16, 19, 33, 53, 93, 125, 175

〔ま行〕

マーケット・アプローチ ……………… 57
マーケティング関連無形資産 ………… 70
無形資産 …………………………… 67, 69
持分プーリング法 ……………………… 11

主要項目索引

〔か行〕

企業結合に係る特定勘定
  開示事例 ………………………… 63
  取崩・振替 ……………………… 66
  例示 ……………………………… 63
  計上 ……………………………… 65
企業結合日
  株式交換に関する企業結合日の
    取扱い ………………………… 35
  企業結合日の一覧 ……………… 35
後発事象
  開示制度が求める「取得」の
    後発事象注記の一覧 ………… 156
  後発事象の発生時点 ………… 150
  後発事象の注記の記載例 …… 158

  後発事象の評価終了日 ……… 151

〔さ行〕

暫定的な会計処理
  繰延税金資産・繰延税金負債 …… 77
  対象とならない項目 …………… 74
  暫定的な会計処理が認められる
    項目 …………………………… 72
  暫定的な会計処理を確定した場
    合の注記 ……………………… 76
  暫定的な会計処理が行われた場
    合の四半期注記 ……………… 179
  暫定的な会計処理が行われた場
    合の年度注記 ………………… 176

索　引

暫定的な会計処理が確定した場
　合の四半期注記 …………… 180
暫定的な会計処理が確定した場
　合の比較情報に関する四半期
　注記 ………………………… 181
暫定的な会計処理に関する注記
　パターン …………………… 185
暫定的な会計処理の確定が行わ
　れた場合の年度注記 ……… 178
暫定的な会計処理の確定処理 …… 74
暫定的な会計処理を行った場合
　の注記 ……………………… 76
四半期決算における確定の表示 … 76
当期中に暫定的な会計処理が実
　施・確定した場合の年度注記 ‥ 184
年度決算における確定の表示 …… 75
容認される取扱い ………………… 73
識別可能資産および負債
　簡便的な取扱い ………………… 60
取得
　年度決算における「取得」の
　　注記 ……………………… 134
　開示制度が求める「取得」の
　　注記一覧 ………………… 130
　会社法における注記 ………… 131
　企業結合会計基準が求める「取
　　得」の注記一覧 ………… 128
　四半期開示制度が求める「取得」
　　の注記一覧 ……………… 162
　四半期決算における「取得」の
　　注記 ……………………… 165
　取得企業を決定するに至った主
　　な根拠 …………………… 139

取得関連費用
　連結子会社が行うM＆Aで注意
　　すべき事項 ………………… 43
　主要な取得関連費用 ………… 141
　支配獲得時の取得関連費用 …… 37
　損益計算書における計上区分 …… 41
　非連結子会社の取扱い ………… 42
　取得関連費用の具体例 ………… 38
条件付取得対価
　将来の業績に依存する条件付取
　　得対価 ……………………… 46
　適用事例 ………………………… 49
　IFRSとの差異 ………………… 50
　特定の株式または社債の市場価
　　格に依存する条件付取得対価 … 47

〔た行〕
追加取得
　開示制度が求める「追加取得」
　　の注記の一覧 …………… 187
　年度決算における「追加取得」
　　の注記 …………………… 189

〔な行〕
のれん
　計上区分 ………………………… 80
　重要性が乏しい場合の取扱い …… 85
　償却開始時期 …………………… 81
　償却期間 ………………………… 82
　償却処理 ………………………… 80
　償却年数の開示事例分析 ……… 83
　償却方法 ………………………… 81
　税効果会計の取扱い …………… 86
　注記 ……………………………… 81

〔は行〕

負ののれん
 計上区分 ………………………… 88
 注記 ……………………………… 88

〔ま行〕

無形資産
 注記 ……………………………… 88
 無形資産を識別するための判断
  要件 …………………………… 68
 法律上の権利など分離して譲渡
  可能 …………………………… 68
 無形資産が識別される典型的な
  ケース ………………………… 68
 無形資産として識別できない
  ケース ………………………… 69
 無形資産の開示事例分析 ………… 70

著者紹介

竹村　純也（たけむら　じゅんや）

　公認会計士，仰星監査法人の社員（パートナー）。主に上場企業に対する会計監査や財務デュー・ディリジェンスなどを行う。また，財務会計をはじめとした研修会の講師も務める。

　平成9年に公認会計士登録。大手監査法人も経て，平成19年に仰星監査法人に入所。会計監査や財務デュー・ディリジェンスを通じてM&A会計についての知見を重ねる。平成29年10月までに4度登壇している株式会社プロネクサスの主催セミナー「後発事象に関する実務上のポイント」では，後発事象の観点から「株式の取得によって子会社化するM&A」についても解説を続けている。また，一般社団法人ビジネスモデルイノベーション協会の認定ジュニアコンサルタントとして，M&Aのシナジー効果を「ビジネスモデルキャンバス」を用いて可視化することの研究を続けている。

　単著に，『税効果会計における　繰延税金資産の回収可能性の実務〈全面改訂版〉』や，日本監査研究学会にて平成25年度監査研究奨励賞を受賞した『後発事象の実務』（以上，中央経済社）など多数。

＜本書発刊後の関連情報をフォローするなら＞
■Facebook 著者ページ　　　　http://www.facebook.com/bambootakemura
■ツイッター　　　　　　　　　http://twitter.com/bambootakemura

著者との契約により検印省略

| 平成30年2月20日　初版第1刷発行 | M＆A会計の実務 |

著　者　　竹　村　純　也
発行者　　大　坪　克　行
製版所　　税経印刷株式会社
印刷所　　光栄印刷株式会社
製本所　　牧製本印刷株式会社

発行所　〒161-0033 東京都新宿区　　株式会社　税務経理協会
　　　　下落合2丁目5番13号
　　　振　替 00190-2-187408　　電話 (03)3953-3301（編集部）
　　　ＦＡＸ (03)3565-3391　　　　　 (03)3953-3325（営業部）
　　　　　URL http://www.zeikei.co.jp/
　　　　　乱丁・落丁の場合は、お取替えいたします。

© 竹村純也 2018　　　　　　　　　　　　　　　　Printed in Japan

本書の無断複写は著作権法上での例外を除き禁じられています。複写される
場合は、そのつど事前に、（社）出版者著作権管理機構（電話 03-3513-6969、
FAX 03-3513-6979、e-mail : info@jcopy.or.jp）の許諾を得てください。

JCOPY ＜(社)出版者著作権管理機構 委託出版物＞

ISBN978-4-419-06501-0　C3063